★ 张国奎◎著 ★

好父母
引领女孩度过
叛逆期

延边大学出版社

图书在版编目（CIP）数据

好父母引领女孩度过叛逆期 / 张国奎著 . -- 延吉：
延边大学出版社，2024.8. -- ISBN 978-7-230-07036-2

Ⅰ . G782

中国国家版本馆 CIP 数据核字第 2024EL9416 号

《好父母引领女孩度过叛逆期》

著　　者:	张国奎
责任编辑:	刘　浩
策划编辑:	刘锦平
封面设计:	许　涛
出版发行:	延边大学出版社
社　　址:	吉林省延吉市公园路 977 号
邮　　编:	133002
网　　址:	http://www.ydcbs.com
电　　话:	0433-2732435
传　　真:	0433-2732434
印　　刷:	优奇仕印刷河北有限公司
开　　本:	787mm×1092mm 1/16
字　　数:	45 千字
印　　张:	10
版　　次:	2024 年 8 月第 1 版
印　　次:	2024 年 8 月第 1 次印刷
书　　号:	ISBN 978-7-230-07036-2
定　　价:	46.80 元

如发现质量问题，请与出版单位联系调换。电　话:0433-2732435

　　女孩的青春期一般比男孩早 1—2 年，一般从 10—11 岁开始，到 17—18 岁结束，持续达 6 年左右。

　　在人们印象里，女孩易沟通，比较听话，即便进入青春期也不会做出格的事。但事实上，女孩的青春期叛逆也如雷电交加的暴风雨一般猛烈。甚至那些越是看起来温和文静的女孩，内心叛逆的情绪越强烈。

　　美国教育专家杰弗里·伯恩斯坦说："叛逆并不是孩子的错。"我们看到的也仅仅是表象。叛逆的本质是生理和心理变化的共同结果。青春期女孩的身体正在面临一系列的巨大变化，包括月经初潮、乳房发育、生殖器官发育、激素水平变化等。这些变化不仅影响女孩的身体，也会影响女孩的心理，使得女孩出现情绪不稳定、易冲动、爱生气等现象，而这些不良情绪又会诱发叛逆行为。

　　在身体发生急剧变化的同时，青春期女孩也面临着巨大的心理变化。她们的自我意识增强，认为自己是大人了，迫切希望摆脱父母的管束。为了表现自己的"非凡"，她们会对任何事物都持批判态度。她们也开始憧憬亲密关系，对异性产生好奇。各种情绪变化汇集在女孩的心中，让她们产生强烈的迷茫感，内心充满矛盾，叛逆不过是她们表达情绪的一种方式。

父母要教女孩学会管理情绪，拥有从容淡定的气质。一个女孩越"静"，越显高贵。青春期女孩的感受常常很糟糕，就像在洪流中颠簸，父母可以教女孩慢慢掌握水流的方向、速度和方位，让她慢慢找到掌控自己的能力。我们要培养女孩的共情力，这不仅有助于构建良好的亲子关系，也有助于女孩建立亲密的友谊，对她的个人成长有着深远的影响。所谓共情力，就是理解和感同身受他人情感和需求的能力。共情是一个可以培养和发展的技能，通过引导和实践，青春期的女孩也可以变得善解人意、关心他人、理解他人。

父母更要引导女孩学会正确管理手机。沉迷手机的背后是心理需求的缺失，看到女孩内心的需求，并去满足它，就能把女孩从沉迷的深渊里拉出来。李玫瑾教授说："手机并非洪水猛兽，关键在于如何合理使用。"手机是一个工具，引导女孩合理使用，它会给学习和生活带来诸多便利。

此外，青春期异性交往、青春期的友谊、青春期性心理，也是父母必须关注的课题。青春期的女孩会遇到各种困惑、压力和挑战，我们需要保持耐心、理解，以宽容和支持的态度来应对她们的叛逆情绪和行为。

本书不仅直击叛逆的本质，让我们看到女孩叛逆背后的真相，而且根据青春期女孩的特点，解析了不同的叛逆场景，并给出了直接有效的落地方案。叛逆期危险，但并非无解，有此书为武器，相信我们会顺利陪女孩度过这段充满挑战的成长历程！

目 录

第一章　叛逆的真相，了解叛逆期的女孩

第二章　情绪管理，培养恬静优雅的女孩

第三章　有效共情，让女孩和你越来越亲近

第四章　正确比较，培养有品位有内涵的女孩

第五章　绿色上网，引导女孩从被动到主动

第六章　异性交往，教女孩正确面对"怦然心动"

第七章　友谊的小船，帮女孩结交温暖治愈系朋友

第八章　聊聊性，帮女孩了解身体守住底线

第一章

叛逆的真相，了解叛逆期的女孩

1 生理变化对女孩叛逆情绪的影响

青春期是生理发育的关键时期。这时，女孩会注意到发生在自己身上的变化。比如，身高快速增长、胸部发生变化，月经来潮、性器官发育等。李玫瑾教授在一场教育论坛上分享："青春期的生理发展快速，各种青春期特点开始一一地展现出来，这些变化都在提示孩子，他们已经长大了，是一个大人了。"

这些生理变化不仅仅是身体上的，也深刻影响着女孩的情绪和心理。此时的女孩自我认同和自尊心会受到很大的冲击，她们会对自己的身体感到不安和无所适从，甚至会沮丧、困惑、愤怒。

而且，这一阶段，女孩体内的激素水平会发生显著的变化，尤其是性激素的增加，将直接影响女孩的情绪变化。女孩因此情绪波动较大，时而烦躁不安、时而忧虑苦闷，加上自控能力不足，容易冲动，做出极端行为。在父母看来，女孩开始"叛逆"了。其实，这是生理快速发育的必然产物。

青春期的女孩非常容易叛逆和情绪化，可能有以下几个生理原因。

激素水平的变化 ── 雌激素

孕激素

女孩叛逆的生理原因

大脑的发育

传递兴奋及开心得多巴胺达到峰值

控制情绪的内侧前额叶数量下降

参与运动和情绪反应的腹侧纹状体脑灰质数量增多

产生、识别、调节情绪杏仁核活跃，表现欲剧烈

克制兴奋冲动的前额叶皮层发育不成熟，行为失控

中枢神经系统的兴奋

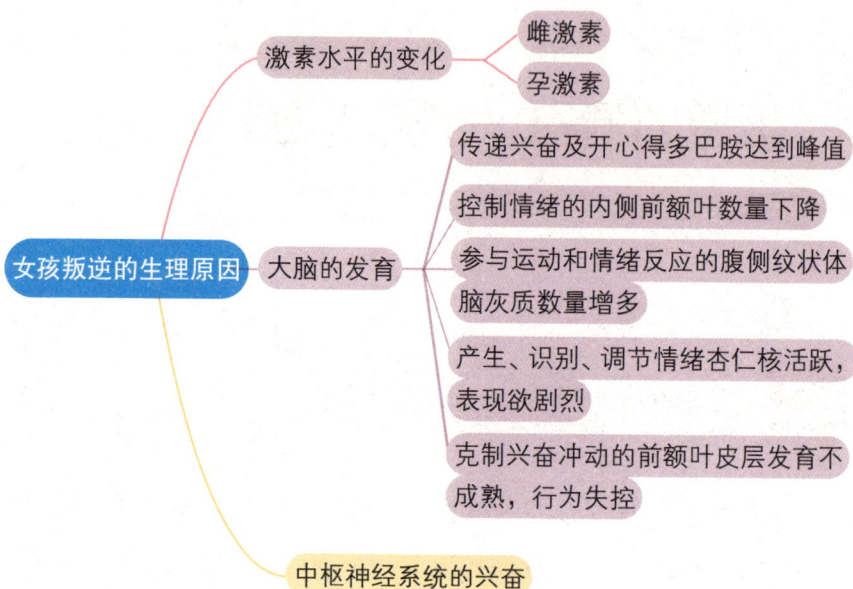

生理学家研究表明，青春期中枢神经系统的兴奋与叛逆行为有一定的关联性，只有当中枢神经系统，与身体活动达到协调时，个体的身心方能处于和谐状态。

我不听，不听！

但在青春期初期，女孩中枢神经系统的活跃性明显增强，她们的中枢神经系统处于过分活跃状态，使青春期的女孩对于周围的各种刺激，包括别人对她们的态度等，表现得过于敏感，反应过于强烈。她们常常因为一件小事而暴跳如雷。

另外，从生理角度看，青春期女孩的大脑神经元正在重组，结构发生着巨大变化。看似逆反的行为其实是大脑发育外显的必然结果。青春期早期的大脑改变，引发了女孩四种独特的心理特征。

①情绪强烈

②寻求新奇事物

③积极的社会交往

④创造性的探索

进入青春期后，女孩的大脑边缘系统变得活跃，即使没有任何事物刺激，在平静的情况下，她们的杏仁核也比成年人更容易被激活，也更容易爆发出强烈的情绪。

而且在青春期，孩子的大脑需要处理的信息量是成年人的两倍。就像计算机一样，当同时执行多个任务而不增加内存时，必须关闭部分功能才能保证它的正常运行。因此，在青春期，大脑中负责计划、体验、理解的高级认知功能是关闭的。当大脑的理性功能被关闭，女孩自然不容易听得进去别人的劝告和建议。

那么，在女孩因为生理变化而表现出巨大的情绪波动时，父母该如何安抚？

转换角色，从管教到"树洞"

女孩要通过青春期完成从儿童到成人的过程，为了帮助孩子顺利成为一个自信、独立的人，父母也要转换角色，从全方位的管教转变为一个"树洞"。

做"树洞"，就是面对女孩的种种变化，不轻易地给予批判或评价，而是多倾听、多商量，认真去了解女孩的需求，耐心回答女孩的疑问。当女孩遇到事情时，父母可以给她多分析几种可能性，剩下的就交给女孩自己做决定。

帮助女孩理解青春期的变化

女孩往往会因为身体的变化而感到困扰和焦虑。父母可以在青春期来临之际，与女孩进行沟通，帮助她们理解这些变化的正常性和自然性。

比如，妈妈可以与女孩讲述自己曾经的体验，包括月经初潮的感受、长痘痘的烦恼、体重猛增的压力等。让女孩明白这些变化是正常的，从而减少她们对身体变化的焦虑和不安。

真的吗？

青春期体重增加是正常的，只要合理饮食，你会瘦下来的。

帮助女孩理解早发育和晚发育

无论是早发育的女孩，还是晚发育的女孩，因为个体发育的早晚之分，身体特征自然有所不同，然而这些不同都可能会受到同学的嘲笑。

父母可以告诉女孩，由于每个人受遗传、营养、疾病、环境等因素的影响，身体情况各有不同，具体的发育时间也会存在一定的差异。让她们明白，个体的发育具有独特性，是非常正常的，不必在意别人的议论。

2 青春期女孩叛逆的心理原因

处于青春期的女孩，除了生理上的变化，心理上也会发生翻天覆地的变化，表现为自我意识的增强，特别关注外在形象，渴望成长，希望独立。

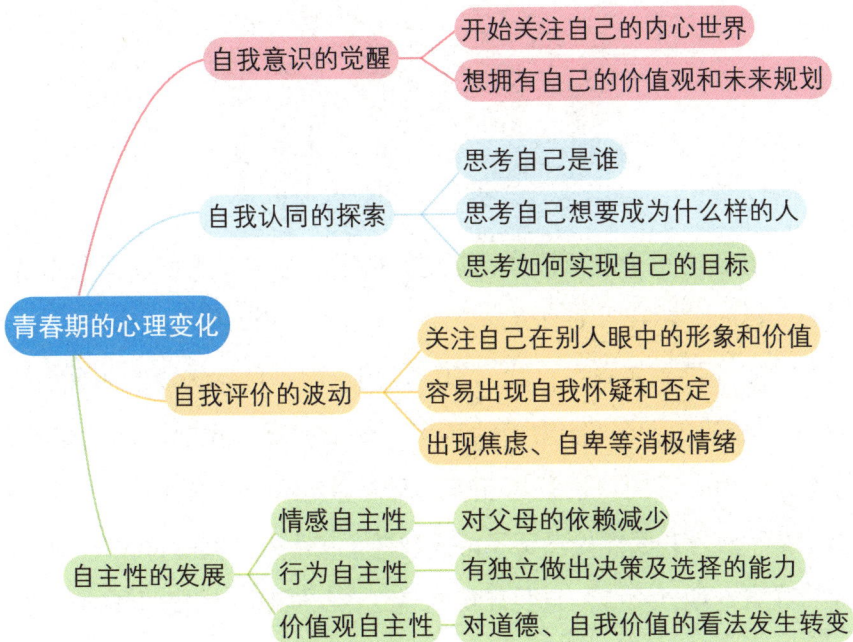

青春期的心理变化

- 自我意识的觉醒
  - 开始关注自己的内心世界
  - 想拥有自己的价值观和未来规划
- 自我认同的探索
  - 思考自己是谁
  - 思考自己想要成为什么样的人
  - 思考如何实现自己的目标
- 自我评价的波动
  - 关注自己在别人眼中的形象和价值
  - 容易出现自我怀疑和否定
  - 出现焦虑、自卑等消极情绪
- 自主性的发展
  - 情感自主性 —— 对父母的依赖减少
  - 行为自主性 —— 有独立做出决策及选择的能力
  - 价值观自主性 —— 对道德、自我价值的看法发生转变

当孩子进入青春期后，很多父母发现他们就像变了一个人似的，打不得、说不得，说重了不行，表扬夸奖也不行。无论采取何种方法，总是会受到孩子的抵制。这让父母感到束手无策，不知如何是好。

一个正处于青春期的孩子说："很多时候，本来我想去写作业，但是一旦妈妈提前说出，我就再也不想去写了，因为我不想让她觉得我是在听她的命令后才做的。"

这就是青春期的孩子，在他们眼里，好像父母说什么做什么都是错误的。他们希望自己能够获得更多的自主权，当感到被父母过度控制时，他们可能会通过叛逆行为来反抗。

> 我自己会看，你能不能别管我？

> 我帮你看看错题。

青春期的孩子之所以如此叛逆，除了独立意识变强，不想事事都听父母的，还有一个原因是，他们的自我评价偏低且不稳定。

自我评价是建立在自我认知的基础上的，自我认知包括对自己兴趣、性格、行为、能力等的认识。一个人对自我的认知越客观、越全面，对自己的评价就越准确。而青春期恰恰是自我认知的关键期，孩子对自我的评价经历了由高到低，又由低到高的过程。

在青春期，女孩的自我评价是建立在与同龄人比较的基础上的，当女孩自我评价低时，她们会觉得自己事事不如别人，这使得女孩在学校或团体中会压抑自己的情绪，积累自己的负面情绪，并且事事小心翼翼。如果这些负面情绪在外得不到释放，家庭就成了她们发泄的场所。

因此，在家面对父母时，她们一方面通过与父母对抗来宣泄情绪，另一方面也以此来自我强化信心，证明自己并不是一无是处。

女孩对父母的叛逆反抗，是她们重新证明自己的一种方式，为的是重新积累足够的信心去面对学校或团体的激烈竞争。

青春期女孩心理上的变化，导致她们内心世界充满了矛盾和挣扎，这些矛盾主要表现在以下几点。

①独立和依赖

既不想依赖父母，又渴望获得父母的帮助和关爱。

②理想和现实

对未来和人生有了自己的思考和打算，渴望拥有自己想要的生活。但学习上的压力、竞争的激烈，又让她们觉得压力巨大，无法摆脱现实的禁锢。

③自负和自卑

觉得自己无所不能，但看到更优秀的同学后，又会陷入自卑、惶恐和不安。

④自制性和冲动性

在与他人的交往中，主观上希望自己能随时自觉地遵守规则，但客观上又往往难以较好地控制自己的情绪，有时会鲁莽行事。

女孩在青春期产生的这种矛盾的心理，又会进一步诱发出情绪的对抗和叛逆的行为。

那么，针对青春期女孩心理变化引发的偏执、对抗等，我们该如何沟通呢?

以商量的方式解决问题

妈妈:"天气预报说变天了，穿上保暖裤吧。"

女孩:"用不着，我不冷。我这么大了，连冷热都不知道吗?"

这样的对话在日常生活中经常发生。其实，孩子自己知道冷暖，问题的关键可能是她们不想被当成小孩子对待，她们认为只有小孩子才会不知冷热。

另外一个原因就是，爱美。到了冬天，因为学校要求穿校服，如果再穿一件显得太厚就会很臃肿，实在有损形象，为了美也就不愿穿了，她想的是里面多穿一件保暖内衣，这样就看不出来臃肿，还不会冷。

父母可以和女孩商量着说："我给你买了薄的保暖衣，穿着一点也不臃肿，你要不要试试？"

不接招

就是所谓的"有火不接火"。面对女孩的种种叛逆行为，父母切忌直接说"不"，因为这个字眼可能会直接引发女孩的叛逆心理：你不让我怎样，我偏要怎样。

而如果父母"不接招"，女孩首先的反应是疑惑，而不是反抗。比如，女孩说要染红头发，如果父母的第一反应不是反对，而是表达红头发也很漂亮，再表现得若无其事。女孩就会很不解，为什么妈妈不反对自己，为什么妈妈会这么说？在疑惑中，女孩内心逆反的"火苗"就没有机会燃起来。当情绪上没有对抗，后面的沟通就容易多了。

我想把头发染成红色。

嗯，红头发很漂亮啊。

3　女孩在叛逆期遇到的挑战和压力

　　青春期的女孩，面临着各种各样的压力和挑战，如果没有得到恰当引导，就很容易在认知、理解、行动上产生心理上的障碍，进而触发潜意识中的对抗情绪，并对外界表现出抗拒行为。

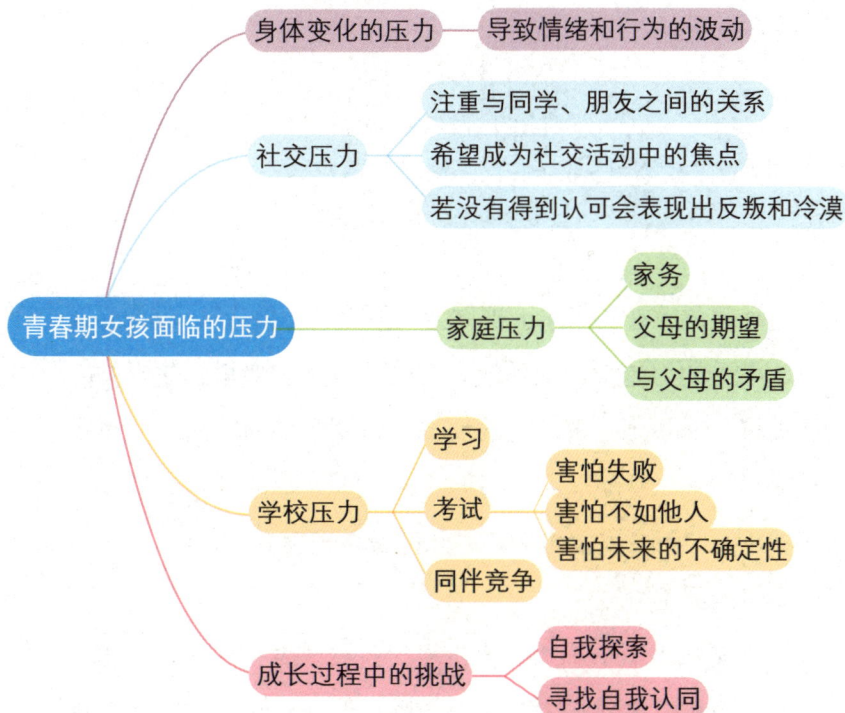

```
身体变化的压力 —— 导致情绪和行为的波动

              注重与同学、朋友之间的关系
社交压力 ——    希望成为社交活动中的焦点
              若没有得到认可会表现出反叛和冷漠

                        家务
青春期女孩面临的压力 —— 家庭压力 ——  父母的期望
                        与父母的矛盾

              学习
                        害怕失败
学校压力 ——   考试 ——    害怕不如他人
                        害怕未来的不确定性
              同伴竞争

                   自我探索
成长过程中的挑战 ——
                   寻找自我认同
```

　　青春期的女孩身心承受着巨大的压力。她们面临考试、升学、交友等问题，还要面对来自家庭、社会、自我等多重的期待和要求。

　　适度的压力可以帮助女孩保持精力充沛，展现活力。但过度的压力则会在女孩内心累积负面情绪，形成一种"情绪负债"。一旦压力被解除，女孩就会在情绪上的过度释放，表现出不恰当的极端行为。比如，当女孩在学业上承受巨大的压力时，就会萌生逃避的心理，甚至有厌学、翘课等现象。

这种现象，在心理学上被称为"弹簧松弛效应"。就像弹簧受到压力，承受的力越大，反弹的力度也就越大。如果女孩内心的压力不被理解，得不到纾解，她的反抗意识就会瞬间拉满，变得更加不可理喻。

在压力之下，女孩可能会有几种叛逆表现。

①情绪异常

无法安静坐下来平抚心情，总是容易因为一点小事情无故发脾气。对人的防卫心理或者攻击心理强，遇到不顺心的事情可能会通过摔东西，顶撞父母等方式来发泄。

②反抗家长和老师

她们往往会对家长和老师的管教产生反感，会拒绝听从指示，或者故意做出一些让人无法理解事情。

③不愿意学习

学业成绩下滑，对学习的反感，进一步增加焦虑和压力。

④沉迷社交媒体

压力和挑战可能导致女孩与他人的社交隔离，缺乏支持和理解，于是从虚拟的社交媒体中获取认同感和自我肯定。

⑤不健康行为

某些女孩可能会通过不健康的行为（如暴饮暴食抑或无度节食等）来应对挑战和压力。

这个"弹簧"效应，也类似心理学上的"海格力斯效应"。海格力斯效应源于希腊神话故事。故事中海格力斯遇到一个鼓起的袋子，他踩了一脚，结果袋子不仅没有破，反而膨胀变大。生气的海格力斯就用木棒砸它，袋子反而继续膨胀，直到堵死整个道路。

在人际交往中，当一方对另一方采取敌对行为时，另一方也会以相同或类似的方式回应，从而导致双方之间的仇恨和矛盾不断加剧。

同理，亲子关系中也一样，青春期的女孩受到父母的压力和束缚越大，她的叛逆行为就表现得越强烈。诸如强制、命令、讲道理等都会触发海格力斯效应，打开女孩叛逆的"开关"。

那么，我们该如何帮助女孩缓解青春期遇到的挑战和压力呢？

帮助女孩制定合适的计划

父母要矫正不合理的目标。设定过高的计划或目标，如果没有办法完成，会给女孩带来巨大的压力。这时可以给女孩制定相对比较易于完成的目标，然后帮助她们完成。

当女孩完成目标以后，给予她们言语上的鼓励，并且让她们体验到成功的喜悦。

选择女孩高兴时谈心

父母要选择合适时间和女孩谈心，进行有效思想交流。交谈时间一般选在女孩高兴的时候，比如睡觉前、全家旅游、走亲访友等。交谈时尽量用讨论、商量、征求意见的口气，话题可以用故事、见闻、典故、新闻等为引导，引导女孩自由地发表意见。

另外，避免只谈成绩，也可以从平常的生活小事聊起，不需要太正式的交流，轻松即可。

兴趣转移法

运用这一方法要因时、因人而异，灵活掌握。比如，对于那些学习已经非常用功，整天埋在书堆里的孩子，可以安排一些体育运动、公益活动，或者去户外放松，使压力得到释放；对于那些学习成绩不佳，缺少成功体验的孩子，可以安排一些力所能及，且在短期内能见效果的活动，以增强孩子的信心。

妈妈，妈妈，我的太阳花开了。

哇，我看看。

书面交流法

即使是最亲密的亲子之间，有的话也不能说得那么直白。有些不便直说的"小秘密"，可以偶尔写个纸条，或写封短信，放在女孩的书桌上，还可以鼓励女孩通过写日记、画画、写信等方式来表达和分享自己的感受。用书面的形式沟通，能强化交流的效果。

4 为什么乖乖女的青春期更叛逆

大多数父母的眼中，自家的女儿总是那个乖巧懂事、温顺听话，是人们口中的"乖乖女"。她们一直以来都遵循着父母的教导，认真学习，按时完成父母安排的任务，甚至有时在面对不公正待遇时，也会选择默默忍受，不给父母添麻烦。

乖巧　懂事　听话

然而，就是这些在父母眼中乖巧听话的"乖乖女"，突然有一天开始变得叛逆，这让许多家长措手不及，甚至无法理解。那么，究竟是什么原因导致了这种变化呢？

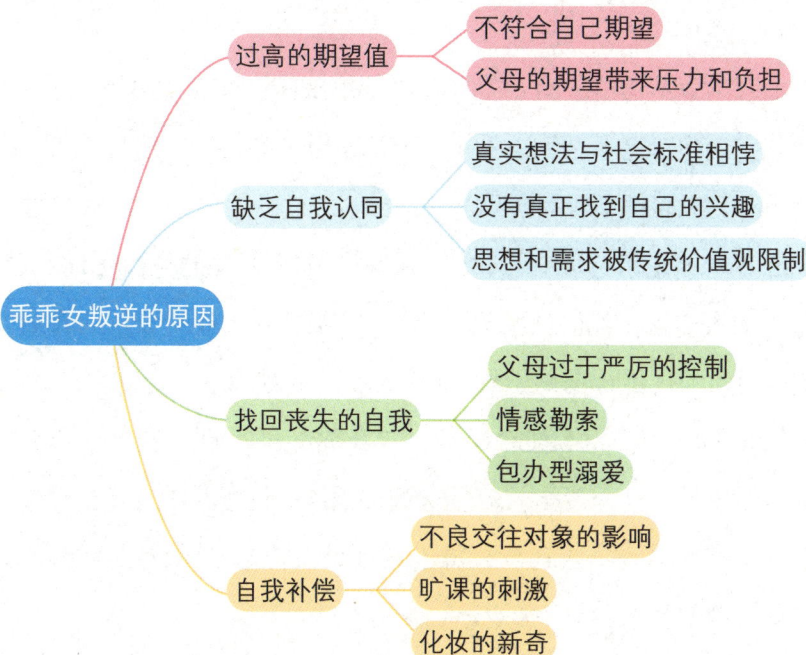

乖乖女叛逆的原因

- 过高的期望值
  - 不符合自己期望
  - 父母的期望带来压力和负担
- 缺乏自我认同
  - 真实想法与社会标准相悖
  - 没有真正找到自己的兴趣
  - 思想和需求被传统价值观限制
- 找回丧失的自我
  - 父母过于严厉的控制
  - 情感勒索
  - 包办型溺爱
- 自我补偿
  - 不良交往对象的影响
  - 旷课的刺激
  - 化妆的新奇

一直以来，乖乖女都在努力迎合父母的期望，压抑自己的真实想法和感受。进入青春期后，她们将会面临更大的心理挑战。

当青春期女孩的自我意识开始觉醒，开始渴望表达自己的观点和感受，追求真正的自我。这种强烈的意识，使得她们开始反抗父母的管教和束缚，表现出叛逆的行为。

女孩的叛逆形式分为两种。

①行为上的激烈对抗

主要表现为态度强硬，举止粗暴，往往具有突发性，自己都难以控制。

②将反抗埋于内心，冷漠相对

她们不顶撞，外表顺从温和，但内心隐藏着对自由和冒险的渴望，压力很大，充满矛盾，会将其内化为不良情绪，难以转移。

倾向于第二种形式的女孩，从表面上来看，就是懂事的乖乖女形象。

心理学家武志红曾说："懂事是很深的绝望，它真的不是一个好东西。它让你对这个世界从骨子里充满了恐惧和讨好的情绪。"太懂事的孩子，大多都不容易快乐。

心理学家指出：那些自认为"很乖"的人，他们往往是最友善又乐于助人的人，他们从不说"不"，但在过度压抑和顺从的背后，他们所付出的代价是丧失了与"真实自我"的链接。

懂事的女孩，为了迎合父母，自我放弃了为自己发声的机会。她们习惯压抑自己的情绪，但是这些被压抑的情绪并没有真正消失。当负面情绪积累到一定程度，得不到宣泄和转化时，她们可能会陷入抑郁无助的状态。

青春叛逆期是每个女孩都必须经历的，如果在这个时期因为外部环境影响，没有得到纾解，而过度的压抑，这可能会造成女孩的叛逆期延迟。这种延迟可能直到大学或者工作以后，严重的甚至可能会伴随一生。

有心理学家提出：孩子进入青春期，父母不要把"乖""很听话"当作孩子优点，一定要让孩子独立，有自己的主见。

那么，我们该如何面对"乖乖女"青春期的叛逆呢？

调整对女孩的评价方式

不再以乖巧听话作为评价女孩的标准。如果我们夸赞一个三岁小孩乖巧听话，这是自然的事，但对于青春期的女孩而言，乖巧听话的评价已经不是她们所希望听到的。

相反，乖巧听话反而使她们感觉到羞耻。一方面这与女孩的内心需求相违背；另一方面，女孩需要获得认同已经不仅仅是来源于家庭，还包括她们的同伴身上。

如果在女孩的朋友面前夸赞她乖巧听话，那么，女孩可能会因此被群体中的同伴取笑："你真听话！"

设定合理的期望

有时，女孩的叛逆行为可能是因为外界的期望过高或不合理，让女孩背负巨大压力，她们会因此对他人的期望感到反感。

女孩通常能够理解父母对她们的期望，比如，优秀的成绩、得体的举止和遵守家中的规矩等，但这是建立在父母对她们爱的基础上。

如果父母根据女孩的实际能力，提出合理恰当的期望，女孩会更愿意接受。否则，她们可能会觉得自己的感受被忽视了而不愿意配合。

适当满足女孩的个性需求

青春期女孩这时开始注意自己外表，她们可能会学大人化妆，甚至会向父母要求买漂亮衣服或化妆品。只要不突破原则和底线，父母可以适当满足女孩的要求，但这时要把握尺度，要让女孩知道有追求是理所当然的，但不能超过实际。

父母需要做到该同意时就同意，该拒绝时就拒绝，将拒绝用在刀刃处，用在那些必须拒绝的事情上，比如，美容与整形等。

第二章

情绪管理，培养恬静优雅的女孩

1 真心接纳，给女孩足够的心理安全感

女孩进入青春期，自我调节情绪的能力有限，从而会导致情绪很不稳定，上一秒还笑容灿烂，下一秒就阴云密布。其实女孩是用这种方式告诉父母，自己需要被关注和被接纳。接纳她的情绪，理解她的情绪，才能帮助她转化负面情绪。

小丽因为学校规定不让学生留长发，不得已剪了自己留了很久的长发，回到家就坐沙发上掉眼泪。妈妈了解情况后，对她说："我理解你的难过，我上初中的时候，你姥姥逼着我把头发剪短了，当时到腰那么长的头发，一下子就剪没了，把我心疼的，哭了整整一个晚上……"

听了妈妈的话，小丽没有说话，回屋去了。过了一会，听到她在和朋友通电话。到了吃饭的时候，小丽出来了，心情看起来好多了。

我的头发！呜呜。

我理解你的难过，我小时候被你姥姥剪短了头发，也很难过，整整哭了一晚上呢！

当女孩感受到自己的情感被关注和包容时，她们会感觉舒适与安全，这有利于女孩的身心健康。反之，女孩感受被忽视就会因为一些不大不小的事情，发脾气、大喊大叫，这些都是她们在用直接的行为来表达自己的不满。青春期女孩的情绪有很明显的特点。

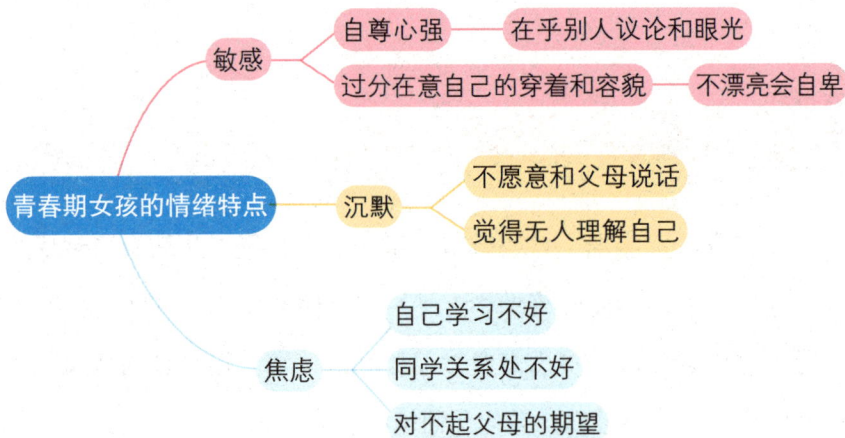

青春期女孩的情绪特点

- 敏感
  - 自尊心强 —— 在乎别人议论和眼光
  - 过分在意自己的穿着和容貌 —— 不漂亮会自卑
- 沉默
  - 不愿意和父母说话
  - 觉得无人理解自己
- 焦虑
  - 自己学习不好
  - 同学关系处不好
  - 对不起父母的期望

心理专家曾说："管理孩子的负面情绪，并非压制它，而是需要给予出口，让它流动起来。我们要做的不是控制，相反，我们要去'觉察'。孩子的每一种情绪背后，都代表着一个未曾被发现的心理需求。"

女孩渴望的"情绪价值"，本质是对"爱与接纳"的渴求。当父母能够及时回应女孩，为她们提供情绪价值时，她们会感受到自己被理解了，同时会因为父母给予的宽容、关心、支持和安慰而感受到安全与舒适。

美国心理学家马斯洛曾说过："安全感是可能出现的对身体和心理危险和风险的预感。它是一种感觉、一种心理、一种从恐惧和焦虑中脱离出来的信心、安全、自由的感觉"。

人们渴望稳定、安全，希望在生活或情感中有种稳定的、可控的感觉。"安全感"也是女孩身体、情绪、认知发展的基础，是她们人格健全的保障。

如果父母不能接纳女孩变化的情绪，可能会让她们敏感而警觉，缺乏心理安全感。情绪不被接纳的女孩，可能会有以下表现。

①认为父母不爱自己，经常担心自己被抛弃。

②厌烦父母的叮嘱，拒绝和家长沟通。

③容易发脾气，甚至用暴力手段解决问题。

④不愿表达，什么事都闷在心里。

⑤敏感而自卑，认为别人对自己都有敌意。

一个缺乏安全感的女孩，在成长过程中会产生许多问题。最常见的就是内向、胆怯、易怒、敏感、不爱交际等。如果碰上其他刺激性因素，可能会有更严重的问题出现，比如抑郁、自闭。所以当父母注意到女孩的这些行为表现时，很可能是她们向我们发出的"求救信号"。心理学家认为，女孩的"安全感"最重要的来源就是身边的父母。

那么，我们如何做才能给女孩足够的心理安全感呢？

让彼此冷静下来

当孩子不理解自己的苦心时，父母常常会感到气愤，忍不住会大声指责，但这不仅不能解决问题，孩子也会更加反抗，不能冷静下来。冲动时要第一时间让彼此冷静下来，才能给后面的沟通做好铺垫。

情绪不好时，尽量避免对孩子说教，可以给孩子一杯水，或者一包零食，来缓解气氛。如果感觉自己的情绪马上就要失控，那就暂时不要和孩子接触，不妨离开一小会儿，去其他房间或做一些事情来转移自己的注意力，或者深呼吸、喝杯水让自己冷静。

> 我先喝杯水，冷静一下。

当双方情绪冷静下来之后，再找合适的时机沟通。沟通时，尽量保持情绪和语气的平和，就事论事，避免使用反问句，多用一些正向的语言。

让自己的负面情绪有去处

如果自己有了负面情绪，要想办法排解，不管去上瑜伽课，找闺蜜倾诉，我们需要找到一个情绪的出口。让自己的压抑、愤怒的情绪可以被接住、被容纳、被理解。我们被接纳越多，越能去接纳孩子的情绪，这是一种良性循环。

2 建立边界感，培养高情商女孩

女孩进入青春期后，就进入了"心理断乳期"，她们开始渴望自主和独立，也开始有自己的主见。她们正在从对父母心理上的依赖，过渡到反抗父母过多的保护和干涉。这些保护和干涉，只会让她们更加逆反。

小夏正在上初二，她每天放学回家就立刻关上房门，妈妈担心她不好好学习，每隔半个小时就要去敲门看看她在干什么。小夏忍无可忍，任凭妈妈敲门，也不开了。无奈之下，妈妈就偷偷在小夏的房间里安装了一个监控。小夏发现后，和妈妈爆发了激烈的冲突。

> 我这是关心你。

> 妈妈你监视我？！

心理专家曾说："父母试图掌控青春期的孩子，其实就已经侵犯了孩子的边界。"所谓边界，就是一种心理上所感觉到的安全边界。这种边界包括两个方面。

① 物理边界

物理边界是可感的，包括身体距离、个人空间、私人物品等。比如，不能私自进入别人的房间，偷看别人的日记等。

②情感边界

情感边界比较抽象，包括安全、尊重、责任等。比如，不能随便取笑他人等。

亲子关系中的"边界感"，体现在父母和孩子之间既很亲密，但又要保持一定的距离。青春期很多亲子关系方面的问题与矛盾，都是边界不清造成的。比如，有父母完全不尊重孩子的自由，一味精神控制和过度保护。

1. 担心女孩早恋，就偷偷翻看她的微信聊天记录、日记等。

2. 不敲门直接进入女孩房间看她在做什么。

3. 不允许女孩有自己的思想，必须按自己说的去做。

如果父母在不断侵入女孩的"边界"，那么她就很难体会到被重视、被尊重的感觉。而且她会在内心认为这种突破"边界"的行为是正常的，久而久之她无法分辨自己和他人的界限，也会不自觉地侵犯别人的"空间"。比如，在和朋友相处时，她会不打招呼地随便用对方的物品，随便看别人的手机信息，窥探别人的隐私等。而这些都被认为是没有边界感，低情商的行为。有句话说："深入骨子里的教养，就是有边界感。"培养女孩的边界感，就是培养女孩的高情商。

情商，也就是"情绪智商"，是一种认知和管理自己及他人情绪的能力。具备较高情商的女孩，懂得如何更好地处理自己与他人之间关系，能够更好地理解他人的需求并作出让对方"舒适"的反应，所以她们往往会在社会交往中更受欢迎。

一般培养孩子的情商有五个关键时期。

婴儿期（3个月左右）—— 面部交流，比如"互相模仿"

幼儿期（1—3岁）
- 少用命令式的口气
- 多用选择的句式

幼童期（4—7岁）
- 孩子开始产生一些情绪
- 让孩子结识更多的伙伴

情商培养的关键期

少年期（8—12岁）
- 孩子努力融入集体
- 体会到情商重要性

青春期（13—17岁）
- 鼓励孩子进行自主决策
- 理解他们某些不理智的行为
- 做他们最值得信赖的盟友

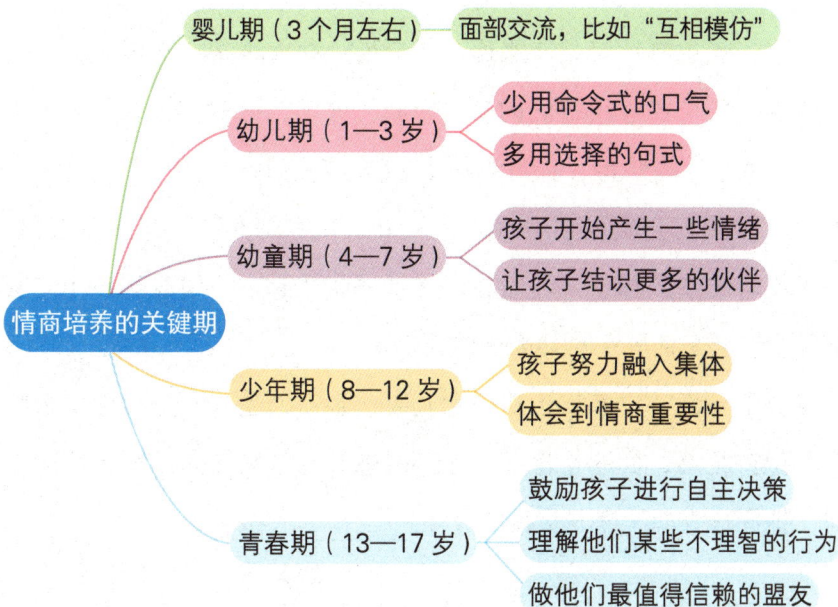

女孩进入青春期，一个很重要的特征就是独立意识增强，她们迫切地想与父母之间划清界限，以彰显独立的自我。

她们开始喜欢关上房门，给日记上锁，愈加重视自己的隐私和个人空间，不管是物理上的，还是情感上的。越是长大，这种变化越是明显，甚至会让父母感觉到与孩子的情感明显疏远。其实，这恰恰也是培养女孩边界感的好时机。

那么，在生活中，父母和女孩该建立哪些界限呢？

建立空间边界

孩子的房间是孩子的，可能有自己的秘密，作为父母不要未经许可便随意"巡视"，更不要不经同意处置孩子房间里的物品。比如，把孩子的东西送人或者借出。

建立身体边界

这一点主要针对父亲来说，俗话说：女大避父。女孩到了一定的年龄，父母要尊重她们的身体隐私，分床、分房、分衣物，不要再出现牵手、摸脸蛋、亲脸颊等儿时的亲昵行为。

有时我们会从视频中看到，一个十几岁的女孩，穿着超短裙，双手搂着父亲的脖子亲昵撒娇，并且试图跳起来，用双腿环住父亲的腰，看起来活脱一对热恋中的情侣。

并不是说，父亲就不能向女儿表达亲密的爱，而是因为父亲和女儿保持距离，目的是让女儿有界限感，也是在教女儿和异性交往时，把握行为的尺度，交往的分寸。

建立情绪边界

父母要为自己的情绪负责，不随便向孩子"倾销"自己的负面情绪。哪怕这种负面情绪来源于孩子，也要避免抱怨与指责，而要用描述的语言表达感受。

> 音乐太大声了，我想请你调小声一点，可以吗？

比如，孩子放音乐的声音很大，打扰了我们。而孩子正沉浸在音乐中，不亦乐乎，这时我们可以描述自己的感受，而不是界定孩子的行为。我们可以对孩子说："我觉得音乐太大声了，我想请你调小声一点儿。"代替原本想说的，"你怎么回事！音乐太吵了，把音量调小。"

总之，在与女孩的相处中，一定要亲而有"边"，密而有"界"。

3 多见世面，培养落落大方的女孩

俗话说"穷养儿子富养女"。所谓富养，不是给予女孩多么优渥的生活，而是带她多去领略这个世界，开阔眼界，丰富阅历。有见识的女孩，才会遇事从容淡定，待人接物落落大方。

林徽因的父亲林长民，是民国时期政坛上的风云人物，那时候大部分的人思想还比较保守，可丰富的阅历以及见识让林长民意识到，女孩同样可以有不输于男孩的人生，不应该成为封建思想的祭品，成为深闺中的百灵鸟。

1920 年，林长民要去欧洲一段时间，他特意带上了女儿，那时林徽因只有 16 岁。临走之时，父亲叮嘱她，此次带她同行，一是让她多观察别的国家人文风貌，增长见识；二是希望女儿能体会到父亲的胸怀抱负；三是让女儿离开家中琐事，开阔眼界，增长见解和提升能力，成为对国家有用的人。

林徽因谨记父亲教诲，跟着父亲走遍了欧洲诸国，来自异域建筑对心灵的冲击让她立下成为建筑工程师的志向，而最终她实现了梦想，成为当时少有的女性建筑师，为中国的建筑事业做出卓越贡献。

作家亨利·米勒说:"我们旅行的目的,从来不是个地理名词,而是为了要习到一个看事情的新角度。"父母带女孩走出去时,她们感受到的不同国家的地理环境、人文风情、不同文化的差异、不同思想的碰撞,这些都是对她们的积极影响。

这些会让她们的视野和格局得到进一步的提升,这与神经学上的一个理论有关,它叫作"镜像神经元"。

意大利的神经学家曾经做过一个实验。

神经学家们在猴子的大脑中植入电极监测大脑的变化,他们发现,当猴子吃花生米的时候,它的大脑皮层的一个区域就会发红发亮。更令科学家惊奇的是,他们发现,当猴子看到科学家吃花生米,而猴子没有吃时,它的大脑皮层也会发红发亮。这个就是被称为"镜像神经元"的神经细胞。

这个实验说明,猴子看到的景象,会刺激到大脑的神经元。和猴子一样,人在旅途中看到的不同风景,感受到的风土人情,品尝的各种美食等,也会刺激到大脑的神经元。也就是说,大脑是可塑的,是可以被激活的。而且经历得越多,大脑皮层被刺激的就越多,大脑的潜力就会被更多的激发出来。

在过去,人们曾经认为,孩子在6岁后,大脑就停止发育了。后来,科学家发现,一直到青春期,人的大脑都在不断发育,尤其是大脑潜力的发展,而且它们还符合"用进废退"的原则。大脑的潜力是无穷的,只是取决于受到的刺激是否足够丰富。而走出"方寸之地"的女孩,路途上的见闻会给予她丰富的刺激,从而不断激活她的大脑潜力,让她变得更聪明。

待人接物情商高

不容易被骗

自信，不扭捏怯场

女孩见识广的好处

考虑事情更全面

有很强的独立意识

遇事豁达、不纠结

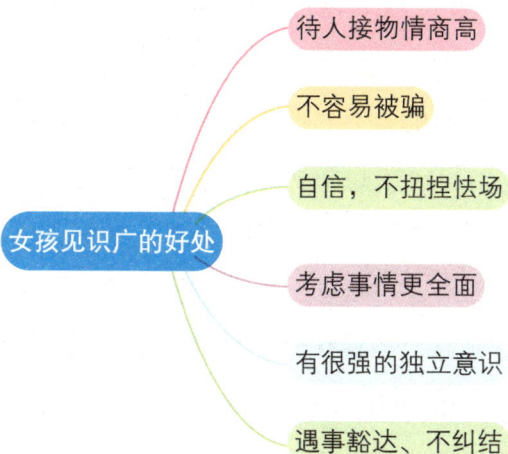

有些女孩在熟人面前很放得开，但是到了陌生环境中，就表现得扭捏、怯场，这可能是因为她们经历的事情太少，缺乏人际交往的经验，从而感到无所适从。

见识广的孩子大都落落大方，她们不管在熟人面前还是在陌生人面前，都能自如地表达自己，因为见过的世面多、视野宽，内心也多了一份坦然和镇定。

那么，我们该怎么让女孩多见世面，培养她的交际力呢？

让女孩读万卷书

读书，是拓宽视野最简单的途径。稻盛和夫曾说："书本教给我们无法亲身经历的事情，让我们可以在头脑里进行模拟演练。"

书是看世界的窗口，

足不出户，孩子就可以知道最高的山峰、最长的河流、最深的峡谷……

读书，不仅仅能够学习知识，更能够提升孩子对这个世界的理解，帮孩子树立正确的世界观和价值观。

带女孩行万里路

父母可以带女孩去参观各种各样的博物馆，让她感受历史的厚重，艺术的精妙；带她去不同的城市旅行，品尝当地的特色美食，欣赏当地的建筑风格，感受不同的人文风情。或者只是让她走一走街头巷尾、郊外的一座山、一条小河。

地点不重要，重要的是收获了什么。旅途中的所见所闻，好的坏的，对女孩来说都是一种见识。无论去哪里，都是增加阅历的机会。

多与女孩进行启发性对话

想要女孩拥有独立思考的能力，需要我们会"聊天"，多用启发性对话引导孩子思考，鼓励孩子开动脑筋。比如，跟孩子聊生活、聊时事，小到社会百态，大到国际局势，只要她有兴趣，就和她探讨。在这种思想的碰撞中，让女孩从不同的角度了解世界，学会用思辨来看待、理解人和事。

能读书、会思考，能让女孩在未来的人际交往中，增加一份从容和淡定。而这份从容，终会变成见识与涵养。

4 应对情绪低落，培养快乐女孩

女孩进入青春期后，她们的情绪很不稳定，可能会莫名其妙地想哭、偷偷地流泪，连平时喜欢的东西或事情都失去了兴趣，有时还会莫名其妙的不愿意上学，这种情绪的起伏对于青春期的女孩来说，是很正常的现象，无需过于担心。

自从小瑶上了初三之后，妈妈明显感觉到她的状态不对了。一开始，小瑶和妈妈闲聊时，还只是单纯地抱怨学习，然后说一说不开心的事情。后来沟通时，小瑶会莫名其妙地哭，问她，她也说不出什么具体原因，就是控制不住地想哭。

有一次她带着哭腔问妈妈："妈妈，我好难受，我可以不去学校吗？"

如果女孩总是不开心，有些父母会怀疑孩子是不是抑郁了？甚至女孩自己一旦出现情绪低落的现象，就会对自己的状态感到担心，怀疑自己是不是得了抑郁症。

实际上，青春期的孩子情绪低落一般属于正常现象，他们可能是因为琐碎小事、学习遇到挫折、人际关系不顺利等，而影响到情绪，出现暂时性情绪低落的表现。

通常这种暂时性的情绪低落，不会给孩子带来太明显的不良影响，父母可以通过有技巧的沟通转移注意力，女孩的情绪将会逐渐缓解。

而抑郁则表现为一种显著而持久的情绪低落，它是一种深刻、长期的情感状态，严重时，还有可能产生厌世的想法。

情绪低落不能等同于抑郁，它们有着明显的区别，主要包括症状表现不同、生活影响程度不同、处理方法不同等。

情绪低落和抑郁的区别

区别	情绪低落	抑郁
症状	暂时的悲伤和消极，莫名想哭	情绪低落记忆力下降，痛苦厌学 失眠自我评价变低，社交行为异常
原因	学习压力 社交关系紧张 环境影响	毫无根据
时限	临时性的，一般不会超过两周	长期的
影响	轻微。一般不会影响人际交往和生活质量	严重影响正常生活、工作、学习
处理方式	是自然、正常的现象，正确认识即可	难以自行缓解，需要进行专业心理治疗

女孩的情绪低落一般是临时性的，通常在短时间内就能得到缓解。而抑郁则会持续更久，而且可能重复多次出现。如果女孩有长期、持续且频繁的情绪低落，可能需要进一步判定是不是抑郁的表现了。

抑郁的女孩社交行为会有异常的表现，例如，与人交往的模式突然改变，她们开始远离人群，放弃以前建立的关系和社交圈子，转而封闭到自己的世界里或者转向网络世界。另外，她们会对别人的行为异常敏感，很容易对他人的行为产生极大的情绪反应。

自我评价变低，表现为自卑或自责，她们可能会觉得自己是一个没有价值的人，并且一切事情的不好结果，过多地归责于自己。

一般什么样的女孩更容易出现这种抑郁的倾向呢？有研究表明，如果家族中有抑郁病史，子女发生抑郁的风险会增加4—6倍，并且子女发病年龄会偏早。除此之外，有以下情况的女孩患上抑郁症的风险可能会更高。

①受到外在伤害：失恋、受到校园暴力等。

②人际关系差：朋友关系紧张，或缺少与朋友的交往。

③学业压力重：完不成学业目标。

④过度沉迷网络：沉迷在网络世界，不能自拔。

⑤性格缺陷：强迫性人格或者癔症型人格等，她们性格孤僻，不喜欢与人交流，有事情一般都闷在心里。

当女孩可能遇见了这些情况时，父母就需要关注她们的心理健康了，一旦发现女孩出现了不良情绪时，就需要我们拥有足够的敏感度和耐心。既不夸大女孩的情绪问题，把正常的情绪反应当成抑郁症看待；也避免忽视她们的情绪问题，用青春期叛逆掩盖了真正的抑郁症。

那么，父母该怎么正确对待女孩的情绪低落呢？让她们快乐起来。

理解和接纳女孩的情绪低落

给女孩一个拥抱，告诉她：我知道你现在很难过，我会一直陪着你！这一个拥抱，不仅是对孩子爱的拥抱，也是在接纳和共情。让女孩可以充分释放自己的情绪，可以不用掩饰，不用害怕去表达自己的情绪。

培养女孩广泛的兴趣

平时应注意女孩的爱好，为她提供各种兴趣的选择机会，并给予她必要的引导。孩子的业余爱好广泛，自然会性格开朗。

而且当女孩出现负面情绪时，这些业余爱好还能够分散她的注意力，缓解负面情绪带来的压力。

鼓励女孩多交朋友

有些女孩将自己的精力都放在了网络上，和外界接触较少，自然会缺少朋友，这会让孩子的消极情绪得不到及时的排解。

鼓励女孩多交朋友，与朋友交流会让孩子觉得身心愉悦，既能联络彼此的感情，又能将自己的不愉快在和朋友的交往中得到释放，有助于消极情绪的改善。

鼓励女孩进行体育运动

运动本身就可以改善情绪，释放压力。当女孩情绪低落时，我们可以鼓励孩子进行体育运动，比如，打羽毛球、跑步等。通过这些方式释放压力、调整情绪。

5 积极面对挫折，养出坚韧的女孩

女孩进入青春期后，面临着身心发展的巨大变化，同时也要应对来自学业、社交、家庭等多方面的压力，挫折和失败是不可避免的。面对挫折时，不气馁、不放弃的积极心态以及坚韧的品质就显得尤为重要。

初中生小葵回家后就把自己锁在房间里哭，妈妈等她情绪平静一些后问她才知道，她今天在学校演讲，由于太紧张了，一时忘了词。她觉得非常尴尬，羞愧难当，仿佛四周的人都在讥笑自己。

她说："当时我恨不得找个洞钻进去，我真是太笨了，以后大家会怎么看我……我们班里的很多同学都很厉害，成绩好、人缘好、长得漂亮，有人还会跳舞。只有我，连这么小的事情都办不好。"

青春期的女孩自我意识强烈，她们很在意外界的认同和评价，既觉得自己已经"长大"，想要去做一些事情来证明自己，但又因为心理年龄和生活经验的缘故常常遭遇挫折，开始怀疑自己的能力，会认为自己哪里也不行，从而产生挫折感。

我……我……

青春期女孩挫折感的来源，一般有以下几种：

①学习上的压力
②跟同伴的冲突

③跟老师沟通不畅

④家长的不理解

⑤对自己不满意

⑥对未来的迷茫

有的女孩内心比较强大，能够在挫折和困境中愈挫愈勇，但如果挫折带来的冲击过大，远远超出了她们的承受能力，或者问题长时间无法解决，女孩就会感到自己已竭尽全力仍无能为力，那么她们很可能会一蹶不振，甚至采用一些极端的方式来发泄内心的情绪。

一个人在遭遇了困难、失败甚至创伤后，仍然能恢复并成功适应的能力，在心理学上被称为"心理弹性"。通俗来讲，也就是个体面对逆境、挑战和挫折的"反弹能力"，也叫"心理韧性"或者"复原力"。

心理韧性包括一系列的情感、认知和行为策略，使孩子能够积极应对挫折，而不受其负面影响。

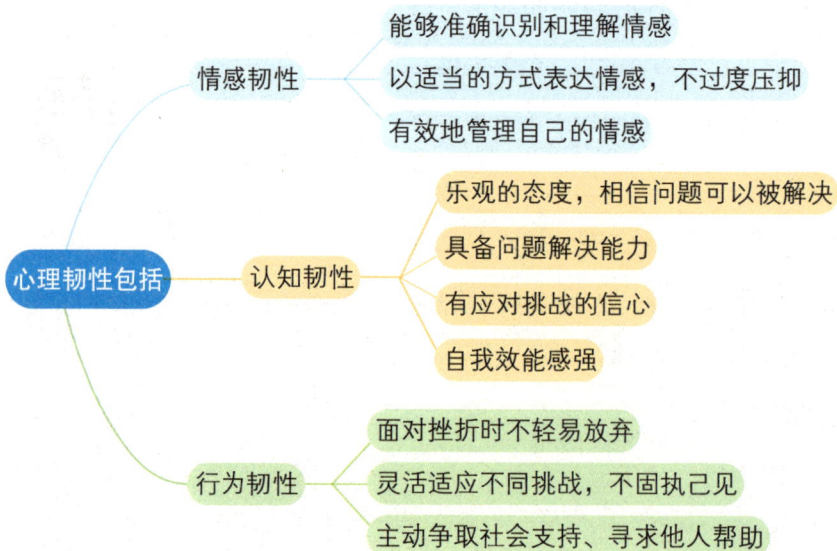

```
心理韧性包括
├─ 情感韧性
│   ├─ 能够准确识别和理解情感
│   ├─ 以适当的方式表达情感，不过度压抑
│   └─ 有效地管理自己的情感
├─ 认知韧性
│   ├─ 乐观的态度，相信问题可以被解决
│   ├─ 具备问题解决能力
│   ├─ 有应对挑战的信心
│   └─ 自我效能感强
└─ 行为韧性
    ├─ 面对挫折时不轻易放弃
    ├─ 灵活适应不同挑战，不固执己见
    └─ 主动争取社会支持、寻求他人帮助
```

心理学家马斯洛说："良好的心理弹性，是提高孩子对挫折的抵抗力的必要手段。"心理韧性有助于女孩更好的管理自己的情感，从而减轻情感问题对自己的伤害，而且心理韧性能使她们更有能力找到解决问题的方法，不被困难所阻挡。另外，具备心理韧性的女孩更有自尊心和自信心，这有助于她们建立积极的自我评价。

心理学研究表明：心理韧性就像肌肉一样，是可以被锻炼的。心理韧性的增强，有助于女孩积极地应对挫折和逆境。

那么，我们该如何帮助女孩积极面对挫折呢？

鼓励女孩积极表达情感

当女孩情绪消极时，鼓励她适当的宣泄，包括愤怒、悲伤和焦虑等，告诉她这些情感都是正常的，不应该被压抑。

可以教她们情绪管理的技巧，比如深呼吸、冥想和运动，帮助她们更好地控制自己的情绪。良好的情感调节能力有助于她们在面对逆境和压力时，保持平和的心理状态而不被困难所吓倒。

给女孩独立解决问题的机会

随着青春期的女孩身心的发展，她们已经具备了自己解决问题的条件。作为父母，我们应该给机会让她独自去解决遇到的麻烦。我们可以表达安慰，可以提供建议，但不要替她解决问题。

一位妈妈精心制作了一个蛋糕，她要带女儿去给奶奶过生日。女儿却不小心把蛋糕掉在地上，蛋糕变形了，奶油溅得到处都是。

妈妈强迫自己冷静下来，对女儿说："我知道你也不想这样，但已经这样了……问题是，我们需要带蛋糕给奶奶，现在应该怎么办？"

女儿看了看地上的蛋糕，又看了看妈妈，说："我想我可以修补这块蛋糕。"

妈妈接受了女儿的提议，她把蛋糕交给女儿，她相信女儿能处理好。

事实上，女儿把蛋糕修补得很漂亮。

当女孩被赋予解决问题的权利，她就会在遇到麻烦时自己想办法解决，而不是为了逃避找借口。

哇，很漂亮！一点看不出来刚才摔坏了。

妈妈，我把蛋糕修好了！

举行"伟大的挫折故事会"

为了帮助女孩认识"挫折并不是生活的全部，我们仍要积极面对"，可以举办几次"伟大的挫折故事会"，将挫折赋予一定的积极意义讲给女孩听。在故事会中，我们可以主动分享自己曾遇到的"伟大的挫折"，讲一讲自己遇到了什么挫折，以及它使得自己在哪些方面变得更好了。

除了分享自己的故事，也可以分享别人的，尤其是一些名人经历过的挫折。让女孩认识到，挫折在任何人身上都会发生，而且不全是坏事。

第三章

有效共情，让女孩和你越来越亲近

1 换位思考，让女孩感到被尊重和关心

青春期女孩的世界充满了变化和挑战，她们的情感就像过山车一样起伏不定。她们可能会感到困惑、不安或焦虑，此时，她们渴望得到别人的尊重和理解。

女孩在成长过程中会经历两次"心理断乳期"，第一次发生在2—3岁的幼儿期，第二次就发生在12—17岁的青春期。这两个时期的她们有一个共同特点，就是既依赖抚养者，又对抗抚养者。

> 休息一会吧，你已经写了好长时间了。

> 哎呀，妈妈你不要总是来打扰我。

女孩进入青春期，心智发育到了一个新的阶段，她们比以往更加独立自主，觉得自己是大人了，开始有了自我的边界感。与之前相比，与父母的沟通频率也逐渐减少。她们也总是感叹：没人理解我！我好孤独！她们开始多了很多烦恼。

①父母的关心不再能够打动她们，反而会觉得是烦人的唠叨。

②老师失去了往日威信。

③无论自己做什么事情都得不到他人的理解。

④平时关系好的同学也不再亲密无间。

⑤自己总是有很多不开心，却无人可说。

青春期的身心变化让女孩的心里非常矛盾。一方面，她们十分需要和别人探讨和交流；另一方面，父母的不理解又让她们烦躁、易怒，进而不愿意敞开心扉。

青春期的女孩已经是独立的个体，拥有自己的情感、需求和见解。只有通过换位思考，父母才能更好地理解孩子，建立起有效的沟通渠道。

在和女孩的沟通中，换位思考具体可以运用到四个方面。

换位思考的实际应用

具体情况	换位思考
学业压力导致沟通减少	孩子可能因为学业压力感到焦虑和疲惫，不想谈论这些问题
兴趣爱好差异造成隔阂	孩子的兴趣爱好与父母不同，导致交流时无共同话题
情感问题难以启齿	孩子可能因为害怕被误解或批评，而不敢分享情感问题
科技产品使用问题引发冲突	孩子可能认为我们不理解他们对科技的依赖，我们可能认为孩子沉迷于科技产品

换位思考不仅仅是理解，更是感同身受。

奇幻电影《辣妈辣妹》讲述了一对相互不理解的母女，在妈妈苔丝新婚的前一天，与女儿安娜在餐厅争执时，被餐厅的老太太使用巫术互换了身体的故事。

苔丝一直不理解，为什么女儿总是被关禁闭，为什么总是考试不及格，她认为如果她是安娜，她可以处理的更好。

直到她们互换了身体，互相体验对方的生活之后，苔丝发现了女儿被英语老师为难的原因：老师是曾被苔丝拒绝过的人，他以此报复安娜，所以即使安娜答地再好，每次都是不及格。

她还从女儿的朋友口里得知：安娜担心妈妈有了新男友就会不关心自己了，而她却一直没有意识到这一点。

互换身份后，苔丝终于看见了安娜生活和心理上的困扰，也终于理解了她，最终和女儿走向了和解。

电影用互换身体这种奇幻方式来实现真正的"换位思考"，也映射了现实中亲子换位思考的艰难。

父母和孩子换位思考的艰难，主要有以下几个原因：

①身处不同的人生阶段

父母与孩子处在不同的人生阶段，发展任务不同。孩子处于青春期，他们的主要任务是探索自己是个什么样的人和想要做什么。父母正处中年，主要任务则是抚育下一代和发展自己的事业。

②父母处于管教者的位置

对不起，宝贝，以前是妈妈不好。

妈妈，你也不容易。

这让父母很容易忽略掉自己曾经也是个孩子这件事，不能与孩子感同身受。

③成长背景很不一样

父母与孩子所处的时代不同，成长环境不同，特别是在家长对孩子的学业期待，孩子承受的学习压力，管教的方式等方面，父母与孩子的感受是相差甚远的。

面对青春期的女孩，如果父母能对她们的处境进行换位思考，则更容易收获好的亲子关系。

那么，具体怎么做，才能让女孩感受到被尊重和关心呢？

关于学业：避免直接追问

父母可以用轻松的方式与女孩交流，避免直接追问成绩等敏感问题。通过分享自己的经历，让孩子感受到自己也曾经有过类似的困扰，从而鼓励孩子分享。

关于爱好：主动了解、参与

父母可以主动了解女孩的兴趣爱好，尝试参与或询问相关内容。这不仅展现了父母对孩子的关心，也为双方的交流创造了共同话题。

关于情感：不评判、只倾听

父母可以提供一个没有评判的空间，让女孩可以安心地表达自己的感受。在这种情况下，父母的倾听和支持尤为重要。

关于沉迷手机：了解原因、分享看法

父母可以通过问问题的方式了解女孩一直使用手机的原因，而不是直接指责。同时，我们也可以分享自己对手机等电子产品的看法，从而促进双向交流。

与青春期女孩交流，要有足够的耐心和同理心。我们需要放下成人的偏见，切身体会她们的喜怒哀乐，尊重她们的感受，理解她们的想法，让她们感受到被尊重和关心。

2 学会示弱，让女孩敞开心扉

李玫瑾教授在一档访谈节目上讲过："12岁之后，父母的沟通方式一定要改变。最关键的，父母要学会示弱。"

青春期的女孩开始追求独立，对成人的意见抱有怀疑，她们渴望展现自己的个性和思考方式。于是，女孩表现得越来越不听话，开始敢于反抗，父母的"掌控力"正在逐渐消失。

> 你怎么又拉错了？

> 你会你来。

这个"掌控力"消失的过程，也正是女孩走向独立的过程。适当示弱，也许是和女孩沟通新的行之有效的策略。

在心理学上可以用"示弱效应"来解释。简单说，就是：在人际交往中，通过隐藏自身实力、降低姿态，表现出谦虚、尊重的态度，来赢得他人的认可和支持的策略。

示弱效应能够奏效，关键在于它顺应了人性，满足了对方的某些心理需求。具体来说，有以下几种。

①满足了对方的恻隐之心

当你表现出弱者的形象时，其他人可能会和你共情，并开始理解你的困境。这种情感上的联结，有助于消解对方的敌意，建立亲密的关系。

②满足了对方的优越感

当对方感觉到自己在某个领域比你更强时，可能会更愿意提供帮助和支持。

③满足了对方好为人师的心理

只要你提出有针对性的问题，并愿意听取别人的意见，对方会很乐意为你解答。

当父母不再高高在上时，孩子能感受到父母的真诚，遇到困难才会愿意寻求帮助，并真实地表达自己的内心。

适当跟女孩"示弱"，是一种"以退为进""以柔克刚"的养育智慧。

当我们向女孩请教问题时，本来她只是略知一二，但在我们虚心求教之后，她会很乐意通过查资料、请教老师等办法来为我们解答。如果她的答案得到了父母的夸奖，在这个过程中不仅拓展了她的知识面，同时也提高了她的自信心。因此，适当地对女孩示弱，对女孩的成长是有益的。

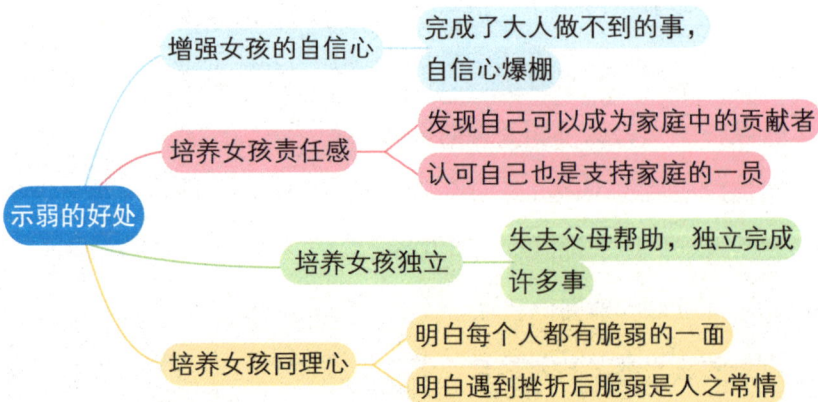

示弱的好处
- 增强女孩的自信心：完成了大人做不到的事，自信心爆棚
- 培养女孩责任感：发现自己可以成为家庭中的贡献者；认可自己也是支持家庭的一员
- 培养女孩独立：失去父母帮助，独立完成许多事
- 培养女孩同理心：明白每个人都有脆弱的一面；明白遇到挫折后脆弱是人之常情

示弱就是要在女孩面前谦虚些，把自主权下放。但是"示弱"，不是"软弱"，示弱的目的是让女孩找到自己的价值，内心变得强大，并与女孩建立更为平等的关系。而不是为了让她们觉得父母"好说话"，成为无理要求的砝码。

另外，示弱也不代表要过度输出焦虑。否则，有可能让女孩心理负担过重，造成她们的压力和困扰。

因此，父母可以与女孩建立适度平衡的相处模式，既尊重她们的想法和感受，让她们体会到自己在家庭中的地位，也给予她们独立的空间。

那么，父母该如何示弱，才能让女孩敞开心扉呢？

有分寸的示弱

父母向女孩示弱要掌握好分寸。示弱要有选择性，要选择孩子力所能及的事情。如果在女孩无法承担的事情上示弱，让她们去做，这样反而会打击她们的自信心。

说软话

父母可以表示自己遇到了困难，希望得到她们的帮助。当女孩觉得自己被需要、自己的价值被看到时，能激发她们的责任感，增强她们独立自主的能力和共情能力。同时，女孩给我们帮忙的过程也是学习的过程，我们可以细心观察孩子，在过程中发现她们的优点并予以鼓励。

比如，和女孩说："妈妈今天有点不舒服，你能帮我去小区门口拿一个快递吗？"或者"现在的互联网信息量太大了，我有好多不懂的，你能告诉我这个信息怎么查吗？"

没问题！妈妈。我现在就去。

我今天有点累，你能帮我去拿个快递吗？

承认自己的不足

父母的判断不是百分百正确，我们不能将自己判断和想法强加在孩子身上。我们可以放下固有观念，坦诚地承认自己的不足，向孩子表达愿意一起探讨并听取他们的意见。这样会让女孩感受到我们的谦虚和大度，她们也会更乐意接受我们的引导和建议。

适当求助

父母可以锻炼孩子的独立性，有意向孩子求助。比如，下班回家，对孩子说："妈妈今天太累了，你能帮忙倒杯水吗？"或者"妈妈感冒了，不能送你上学，你今天能自己坐公交车上学吗？"

当女孩回应父母的求助，并且欣然去做的时候，就会逐渐降低孩子对父母的依赖性，变得更独立。

3 用肯定的方式，给女孩的心灵赋能

心理学家说："人性最深层的需要就是渴望得到别人的欣赏和赞美。"而每一个人的自我认同感、自信心，最初都来源于父母。

尤其是进入青春期的孩子，他们正处于叛逆期，而叛逆的背后有着渴望被认可的心理需求。因此，青春期的孩子特别需要别人的肯定。

如果女孩长期得不到这种认可，她们可能会越来越自卑，甚至觉得自己是没用的孩子，最终出现"习得性无助"。

"习得性无助"是由美国心理学家马丁·塞利格曼提出的一个心理学概念，指一个人在遇到困难时，认为自己无能为力，放弃努力的心理状态。通俗地说，就是一个孩子习惯性地觉得自己不行，自己很差劲，这种消极的心理暗示，常常让孩子自我评价过低，身心发展严重受阻。

低成就动机
- 不能确立恰当的目标，学习漫不经心
- 对失败的恐惧大于成功的希望，不指望自己成功

低自我概念
- 态度消极，对学习毫无兴趣
- 社交自卑，认为自己不受同伴欢迎

习得性无助的心理状态

消极定势
- 认定自己是一个失败者，努力无济于事
- 固执己见，不能吸收别人的建议

低自我效能感
- 怀疑自己完成学习任务的能力
- 制定较低的学习目标以避免获得失败的体验
- 遇到挫折没有信心，不努力便放弃

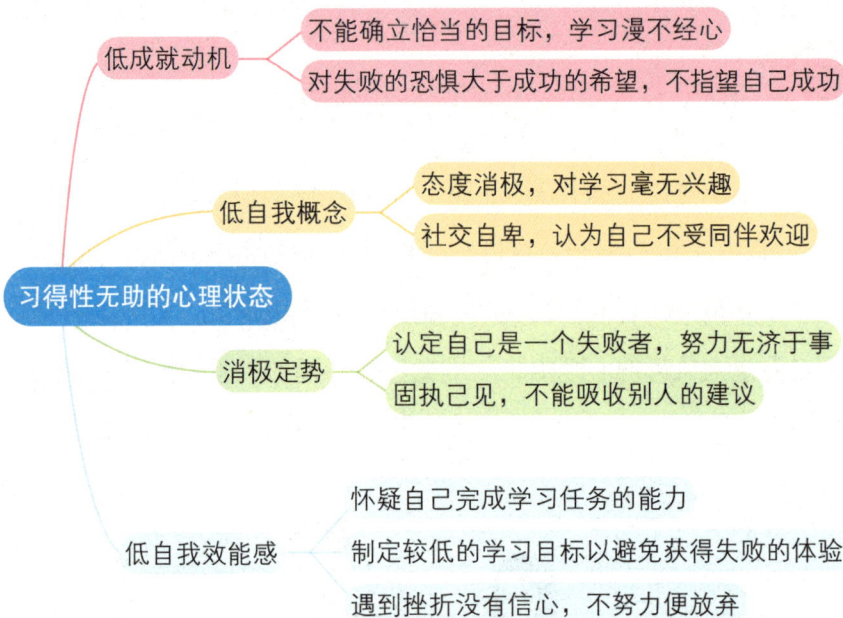

习得性无助会导致女孩厌学或者躺平。因为她们重复地体验过失败和被否定的感觉，所以这让她们对自己的能力，以及完成事情后能够得到的回应产生了怀疑和反感。她们会下意识地想到失败，为了避免获得失败和被否定的体验，她们往往不愿意面对挑战和改变，也不相信自己能够完成挑战。

对于习得性无助的女孩而言，她们最匮乏的就是自我效能感。心理学家认为，人们只有坚信自己可以克服困难，并且付出加倍的努力，才能够真正地克服困难，这种信念感就是所谓的自我效能感。相信某件事会发生和相信自己能够让某件事发生，二者之间有着天壤之别。

自我效能感有两种体现形式。

①相信结果

坚信自己能够做得到，并能达到理想的结果，这是一种自

我实现的预言。比如，相信认真听课、认真做作业，就会取得好成绩。

②相信自己有能力做到

通过对自己能力的预判，觉得自己有能力完成一件事，"不是因为运气好或者其他，而是我真的能够做到"。如果确信自己有能力进行和完成某一项任务，属于高自我效能感，否则就是低自我效能感。

自我效能感高的女孩，通常会表现为一种天生的乐观主义和面对挫折时的韧性。她们可以通过提高自我效能感获得"习得性积极"。当她们遇到困难和挑战时，会更多地相信自己的能力，主动出击，而不是等待、依赖他人的帮助。

那些相信自己有能力，并能践行的女孩，往往具有强大的内驱力，推动她们取得更好的成绩。

要帮助女孩提高自我效能感，首先要让她们获得正面反馈。比如，当女孩在完成或尝试不同的任务时，父母要给她传递肯定、鼓励等信息。这些都能增加她们的满足感和成就感，进而提高她们的自我效能感。

那么，我们该如何给予女孩肯定呢？

"就事论事"式夸奖

"就事论事"也就是说，该表扬时就表扬，该批评时就批评，避免因女孩过去的成果而盲目表扬现在的行为。当女孩犯错时，客观描述她的问题，并提出批评，但应避免将批评的范围扩大到女孩的能力与天分上来，比如"你真笨""你真没用"等语句会降低女孩的自我评价，打击她们的自信心。

肯定女孩具体的表现

"你真棒！"这类夸奖可以存在，只是，使用此类空洞的夸奖太多的话，可能难以达成我们预期想要达到的效果。

因为，女孩可能不知道自己"棒"在哪里。所以，让女孩能够比较清楚地知道自己为什么会被表扬，使表扬更具针对性会更好。

比如，当女孩刚学了一首新曲子并且能够大致弹奏时，我们可以说："你今天能够把大半的曲子弹出来了，比昨天又进步了一些！"

昨天错的几个音符，今天全对了！

你比昨天又进步了好多！

肯定女孩的努力而不是天分

研究表明，表扬孩子的努力，比表扬他们的天分更能让他们明白，努力的重要性与能力的可发展性。

当事情可以被归因于自身的努力时，孩子会勇于面对挑战与困难，他们会感受到自己对事情的控制力。我们对女孩努力的肯定，会让她们明白自己可以通过付出努力来做到许多事情。

4 表达信任，温暖女孩的心

心理学家阿德勒说："在青春期，只有那些一直被孩子信任的家长和教师，才能继续引导他们。这类家长和教师一直以来都是孩子的伙伴。除此之外，若是有人想要指导他们，会立即被青春期孩子拒之门外，孩子不会信任他们，并将他们视为外人，甚至是敌人。"

有心理学家认为，要想给予孩子最积极的期望，最好的办法不是过分赞美和毫无节制的关爱，而是要发自内心地相信孩子，并用信任改变他们的行为。

美国著名心理学家罗森塔尔和雅各布森提出了"罗森塔尔效应"，又称为"皮格马利翁效应"，这是通过在学生课堂上的实验证实的。

1960 年，罗森塔尔教授在加州的一所学校，以"未来发展趋势测验"为名，开展了一项心理实验，并安排校长与两位教师谈话："根据过去的教学表现，校方认定你们是本校最好的教师。本学期，校方特地挑选了一些智商比同龄孩子都要高的学生让你们教。学校相信，有你们这些优秀的教师，加上这些高智商的学生，他们会变得更加优秀，但你们无须特例，只需像平常一样教他们。"

一年后，这两个班级学生的成绩是全校中最优秀的。后来校长告诉了老师真相，这些学生的智商并不比其他学生高，他们是在学生中随机抽取的，他们两个也不是本校最好的教师，而是在教师中随机抽取的。

这些是我们挑选出来的智商最高的学生……

我们可以从"罗森塔尔效应"中获得这样一个启示：赞美、信任和期待具有一种能量，它能改变人的行为。

信任的力量是强大的，它是对女孩最有力的支持。被信任的女孩，内心会充满安全感，不管做什么都会充满信心，而且她们会对自己提要求，为了不辜负别人的信任，她们会不自觉地产生一种责任感，自觉地对自己的言行负责。

日本电影《垫底辣妹》中，沙耶加是一名高中生，她违反学校规定被发现，校长让她揭发其他违规的同学，这样，就可以免去对她的处分，但沙耶加选择了沉默。妈妈被叫到了办公室，她对校长说："违反规定确实不对，作为父母也应该让她深刻反省。但是，为了自己而出卖朋友，这是学校的教育方针吗？对于什么都不说的女儿，我深感自豪。

之后沙耶加被学校勒令休学，妈妈把她送去了私立补习班，并晚上打工给沙耶加交补习费。妈妈始终相信和鼓励着她，最后，沙耶加在妈妈的鼓励和信任下，对学习的兴趣越来越浓厚，并为之付出努力，最终如愿考上了大学。

　　无论沙耶加犯了什么错，在妈妈眼中，错的都只是事情本身，但这不会影响女儿是个好孩子。妈妈的支持和信任，给了沙耶加实现目标的勇气和动力。

　　人是很容易受到暗示的，越是重要的人对女孩说"我相信你可以的"，它的影响力就越大。信任能够给予女孩支持和鼓励，这会成为激发她们内心深处的力量。

　　那么，我们该如何向女孩表达自己的信任呢？

表达对女孩能力的信任

　　首先，要向女孩传递信任的信息，比如说"我相信你是个有能力的人，遇到问题总能想到解决的办法！"

　　其次，授权并支持女孩按照她的想法去解决问题。

　　最后，在女孩解决问题后，无论结果是好是坏，都要认可女孩的能力，鼓励她们。如果要提出改进意见，可以和女孩一起讨论，避免用批评的方式指出不足。

我开始学的时候，也害怕，来，把你的手给我，慢一点。

考试前多对女孩表示信赖

考试前有的女孩因为信心不足，会对自己极度不信任，这时候父母需要给孩子强大的支持与肯定，并信任她们。

父母的信任与支持会让女孩心里很踏实，从而能以良好的心态面对考试。

给失败的孩子信任

如果女孩失败了，可能是由于她缺乏经验，或者考虑不全面等原因造成的。父母此时要告诉她，不必气馁，每个人都会经历失败。然后再帮助她分析问题，比如，过程中遇到了哪些困难，该怎么解决，以后怎么避免。允许孩子失败，就是对孩子能成功的信任。

比如，孩子考砸了，可以对她说："谁都有考砸的时候，没关系。只要能认真总结失败的经验，就是这次考试最大的收获。"

给犯错误的孩子信任

如果女孩犯了错，那就相信她会改正。如果女孩是被冤枉的，那就找到真相，还她清白。如果没有证据，那就请选择相信女孩。

比如，放在抽屉里的钱莫名不见了，你认定是孩子拿的，但孩子也笃定自己没拿，一定要给她解释的机会，不要理所当然地认为孩子在说谎。

对女孩来说，信任就是爱，也是安全感。感受到父母信任的女孩，成长道路上才有底气。

5 投其所好，让女孩愿意亲近你

著名的成功学大师卡耐基说："即使你喜欢吃香蕉、三明治，也不能用这些去钓鱼，因为鱼不喜欢它们，你想钓到鱼就必须下鱼饵才行。"

女孩进入青春期，会变得非常敏感、叛逆。一句话不投机，就可能不愿意再沟通，要么三言两语就会惹得鸡飞狗跳。这时父母只有选择她们感兴趣的话题，才能让她们愿意沟通。

初三的小诺喜欢二次元，经常会和妈妈分享二次元世界的各种创意、人物和故事。虽然妈妈根本就不懂什么是二次元，但她会认真听，不懂就问。因为小诺喜欢，她还为小诺做了复杂的 Cosplay 服装，帮助女儿成功饰演了《斗罗大陆》里的小舞。

有时，妈妈也会和小诺一起参加 Cosplay，打扮成漫画里的人物。在小诺生日的时候，妈妈还选了一套二次元漫画书，送给她做礼物。

青春期的女孩为什么会迷恋二次元？因为现实生活中，青春期女孩通常会面临枯燥的学业压力、亲子矛盾、同伴关系等成长问题，而二次元世界则为她们提供了短暂逃避现实的方式。通过沉浸在充满奇幻冒险和开放性的二次元世界里，女孩可以暂时摆脱现实的困扰，寻找到一种心理安慰。

漂亮！来一张！

　　青春期是探寻自我身份认同的关键期。漫画、动漫等作品中往往包含了大量治愈或英雄类的角色，这些角色和故事往往能满足女孩的浪漫幻想。她们通过对某个角色产生强烈共鸣，把角色作为理想中的"我"，或作为一种心理投射来弥补现实生活中自己未能表达的情感渴望。

　　另外，青春期女孩对个性和美的事物格外痴迷，二次元中天马行空的想象，丰富多彩的设计和强烈的感官冲击，让她们可以通过接触这些作品来彰显自己的审美偏好，传递出自己的个性。

　　二次元是虚拟的，但亲子关系是真实存在的，父母适当支持女孩二次元喜好，可以增进亲子之间的信任。

　　青春期的女孩除了对奇幻的二次元感兴趣，还对哪些事物感兴趣呢？

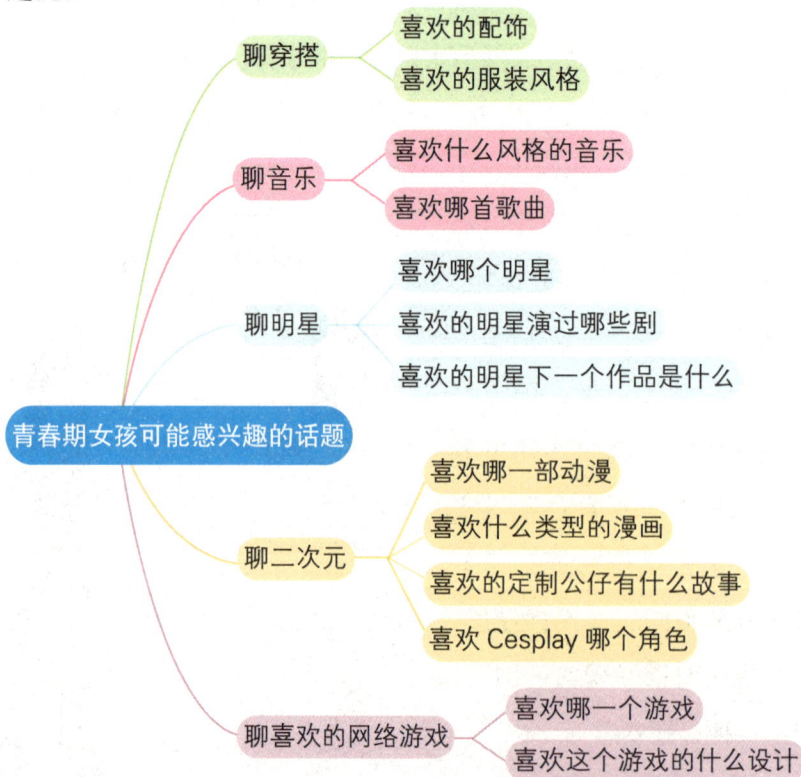

青春期女孩可能感兴趣的话题

- 聊穿搭
  - 喜欢的配饰
  - 喜欢的服装风格
- 聊音乐
  - 喜欢什么风格的音乐
  - 喜欢哪首歌曲
- 聊明星
  - 喜欢哪个明星
  - 喜欢的明星演过哪些剧
  - 喜欢的明星下一个作品是什么
- 聊二次元
  - 喜欢哪一部动漫
  - 喜欢什么类型的漫画
  - 喜欢的定制公仔有什么故事
  - 喜欢 Cesplay 哪个角色
- 聊喜欢的网络游戏
  - 喜欢哪一个游戏
  - 喜欢这个游戏的什么设计

亲子沟通的代沟之所以存在，就是因为我们不了解对方的喜好，也不愿意去学习。甚至，总是选孩子不喜欢的话题来聊，结果总是成为"话题终结者"。比如，很多父母都有一个"特异功能"，就是无论孩子表达什么，都能无缝对接到学习上。

女孩："今天我同桌戴了个很好看的手链。"

妈妈："你管别人戴什么呢，你好好学习就行了，下次考试考好一点比什么都强。"

女孩："……"

判断女孩在青春期阶段是不是有很健康的家庭关系，有一个非常简单的指标：除了学习，父母和女孩还有其他话题吗？

如果所有的沟通话题都围绕学习，女孩面对父母就会变得越发沉默，因为实在是无话可说。

那么，我们该如何投其所好，让女孩愿意与我们亲近呢？

聊聊假设性的话题

青春期的女孩，脑海里往往都是天马行空的想法，我们可以跟女孩聊聊假设性的话题，她们一般都会很感兴趣，也会乐意去聊。

比如"如果你有一项超能力，你最想是什么？想用它干点什么？""如果你能穿越时空，你到过去还是到未来？"

女儿，假如你可以拥有一项超能力，你想要什么？

瞬间移动啊，那样我就可以想去哪儿就去哪儿了！

聊聊爱好类的话题

父母也要了解女孩的兴趣爱好，并提前学习一些相关知识，包括喜欢的动漫、喜爱的零食、服饰搭配技巧和简单的发型及护肤知识等，只要是女孩感兴趣的话题，都可以和她们聊。

需要注意的是，只要是女孩喜欢的都可以，也许我们不喜欢，甚至不愿意她们去看的，没有关系，让她们聊，我们听。比如，询问女孩："你最近有没有看到什么好看的动漫，可以分享给我吗？"

对女孩的话题表示兴趣

在与女孩讨论她的兴趣时，无论话题本身父母是否喜欢，都要用心投入，并在沟通的过程中不时地提出疑问。比如，"然后呢"或者接"这样子啊"，同时做到给孩子及时而充分的反馈。这会让女孩感觉到被重视，从而进一步激励女孩愿意与父母交流。能够让父母与孩子的共同话题越来越多，更能迅速拉近彼此间的距离。比如，在女孩表达了自己喜欢一件东西后，和她说："哇，这个听起来真厉害，你能跟我具体说说吗？"

第四章

正确比较，培养有品位有内涵的女孩

1 允许爱美，审美能力让女孩受益一生

　　每个女孩都爱美，尤其是处于青春期的女孩，她们大多都十分注重自己的外表，有时候会拿着镜子不放手，照来照去，因为爱美是女孩的天性。

　　小梦每天早上去上学前，都要对着镜子照半天。本来刘海儿很长可以束起来，非要揪出来挡在脸旁，整成"鲶鱼须"发型。脸上长一个痘痘，要对着镜子"观摩"10分钟。妈妈看不下去了，催她出门，她就当没听见。催急了，就说："你管我？！"

> 哎呀，脸上怎么长了个痘痘？

发展心理学研究表明，初中的女孩热衷于化妆正是青春期特征的之一，她们开始关注自我，尤其在意自己的形象是否完美、妆容是否精致、身材是否苗条、衣服是否漂亮。

女孩的这种"爱美"心理，让她们格外地注意自己的相貌形体。有些女孩认为自己的个子太矮、太胖或是五官哪个部位不漂亮，而不愿见人，害怕参加集体活动；有些女孩因为对自己的体型不满意，而盲目地进行减肥……

青春期女孩如此追求"美"，是出于何种心理呢？

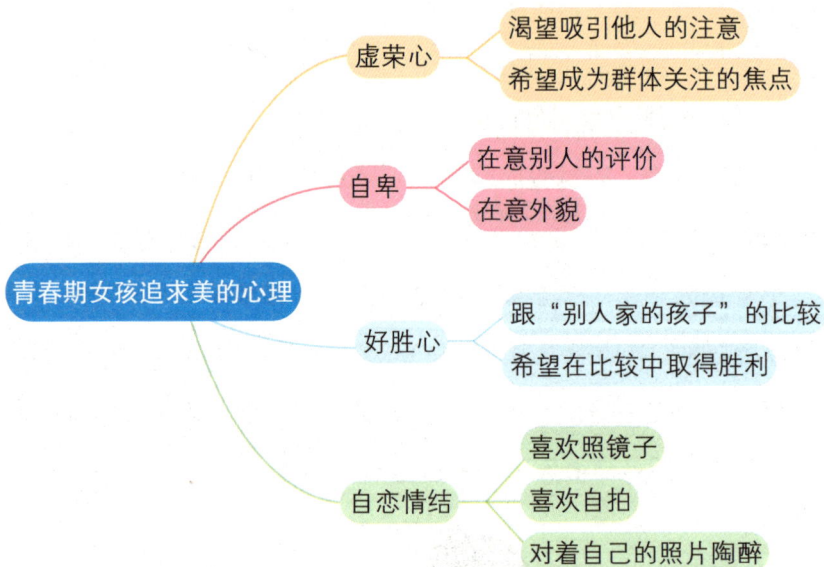

- 青春期女孩追求美的心理
  - 虚荣心
    - 渴望吸引他人的注意
    - 希望成为群体关注的焦点
  - 自卑
    - 在意别人的评价
    - 在意外貌
  - 好胜心
    - 跟"别人家的孩子"的比较
    - 希望在比较中取得胜利
  - 自恋情结
    - 喜欢照镜子
    - 喜欢自拍
    - 对着自己的照片陶醉

对于青春期的女孩来说，对美的追求是一种自然而然的需求。有心理学家说："女孩注重自己的外在形象，打扮自己，是青春期性别认同的表现。"不仅不需要过于担心，反而可以抓住这个关键期培养女孩的审美能力。

美学大师蒋勋说："一个人审美水平的高低，决定了他的竞争力水平，因为审美不仅代表着整体思维，也代表着细节思维。给孩子最好的礼物，就是培养他的审美力。"

审美不仅是一种艺术品位，更是一种生活态度。良好的审美能力可以让女孩更好地欣赏、感受、认识万物，同时可以提升孩子的情商、智商以及生活品位。

审美能力包括以下三个方面。

审美感受能力：根据自身艺术修养、生活体验、审美趣味有意识地对审美对象进行鉴赏，从中获得美感的能力。

审美评价能力：在审美鉴赏基础上，对审美对象的价值、性质、内容和形式等进行分析，并作出评价的能力。

审美创造能力：创造美的艺术形象的能力。

青春期的女孩正处于审美意识的形成期。她们的审美范围日益扩大，开始接触艺术作品，并且能够较好地欣赏它们；另一方面她们会明显流露出对美的不同追求，她们不再轻易用成人的评价来左右自己的评价，表现出审美评价的自主性。

良好的审美能力可以让女孩更好地判断、选择、欣赏生活中的美好事物，从而提升她们的生活品质。比如，在着装方面，女孩学会欣赏美的衣着搭配，就可以提升自己的形象魅力。

审美能力关系到女孩的外在形象、内在气质，会让女孩受益一生。那么，父母如何帮女孩提升审美能力呢？

让女孩自主选择穿搭

在为女孩选购衣物时，让她们参与进来，询问她们的意见和喜好。这样可以让她们学会表达自己的审美观点，并逐渐培养对服装的敏感度。

带女孩参观艺术展览

带女孩去参观艺术展览、博物馆等，引导她们接触不同类型的艺术，包括绘画、音乐、舞蹈、戏剧、文学等，为女孩提供多样化的艺术体验，激发她们对美的感知和思考。

引导女孩批判性思维

引导女孩发展批判性思维，包括对艺术作品的分析和评价。鼓励她们在欣赏美学作品时提出问题、提供观点，并与他人进行探讨和辩论，以增强女孩的审美能力。

比如，在女孩看到凡高的《向日葵》时，让她们来描述一下对这幅画的感受，再问一下她们，这种感受是怎么产生的？也许青春期女孩的感受还比较简单、肤浅，但只要是真实的感受就没关系。

2 自我认同，让女孩散发自信的光芒

心理学家爱利克·埃里克森定位青春期的任务就是解决"自我同一性和角色混乱的冲突"。因为青春期女孩对自身的关注往往很敏感，常常会和他人做比较，很难认同自己。

自我认同是一个心理学术语，指的是一个人对自身身份、价值观、信仰和角色等方面的认知和认同。简单来说，就是一个人对自己的看法或感受。

当一场考试结束，自我认同感高的女孩，常常自我感觉良好，觉得自己能拿高分；自我认同感低的女孩，则常常会表现得不自信，错误估算成绩，并且感觉沮丧。

高自我认同感能够提高女孩的自尊和自信心，使她们更加坚定自己的想法和目标。这种自信和自尊能够使女孩更加积极地面对挑战和困难，并更加坚定地追求自己的目标和理想。

自我认同感低的女孩，最大的特点是自卑，通常表现为自我否定、自我怀疑，不敢表现自己，甚至不敢与人交往。在电视剧《想见你》中，陈韵如就是典型的自我认同感低的女孩。她总是驼着背，顶着遮住眼睛的刘海儿，跟别人说话时，会控制不住地握紧拳头，眼神躲闪的不知道该怎么回应。

因为自卑，女孩无法正确地认识自己的能力和价值，从而无法充分发挥出自己的潜力。而这也会影响女孩面对挫折的态度。在困难和挑战面前，她往往倾向于将责任和问题归咎于自身的能力或价值，而不是积极寻求解决方案或做出改变。如果遭遇失败，就会更加自卑。

女孩进入青春期后，会不断对自己和外部环境进行重新审视和适应，寻找自我认同感。自我认同的内容主要包括几点。

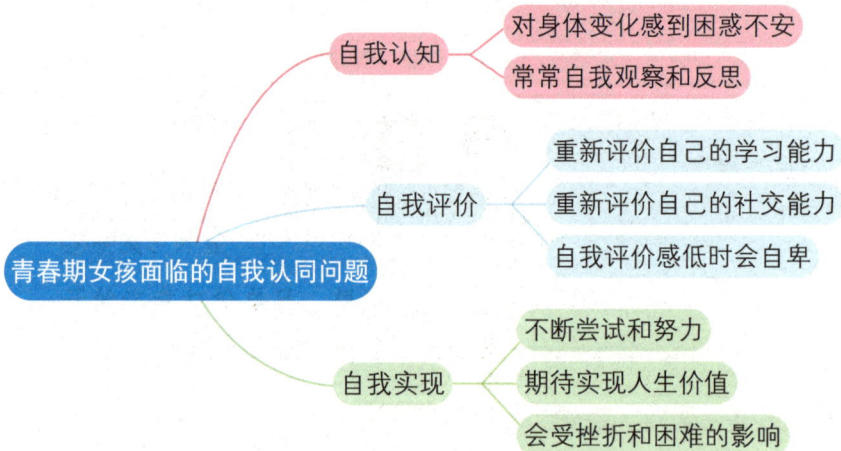

```
                             ┌ 对身体变化感到困惑不安
                  自我认知 ──┤
                             └ 常常自我观察和反思

                             ┌ 重新评价自己的学习能力
                  自我评价 ──┼ 重新评价自己的社交能力
                             └ 自我评价感低时会自卑
青春期女孩面临的自我认同问题 ─┤
                             ┌ 不断尝试和努力
                  自我实现 ──┼ 期待实现人生价值
                             └ 会受挫折和困难的影响
```

青春期女孩的自我认同感低，一般有两个方面的原因。

①父母的影响。

父母在女孩的成长过程中过于严格，限制女孩的自主性和探索欲，打击其价值观念。

②同伴关系的影响。

她们受到同伴的影响，从众心理，因同伴的消极影响，而产生对自己的否定，从而导致自我认同感低。

在青春期，女孩渴望发出自己独特的光芒，但往往被浓厚的云层遮挡。这时候，建立自我认同感就成为了她们成长的关键任务。

那么，父母要如何帮助女孩正视自己、认同自己呢？

变身侦探，挖掘优点

如果要父母说出女孩的优点，这非常容易，父母可以轻易地说出几个，比如，懂事、听话、乖巧等，但是每一个都比较宽泛。实际上，很多生活中的小细节，其实都可能是女孩的优点。

我们可以在日常生活里观察女孩，挖掘寻常小事里她们的闪光点，然后写下来给她们看，正式而真诚地表扬她们。

比如："你很有礼貌，见到长辈、老师会主动问好。"

"你适应能力强，不管到哪儿，都能很好地融入新环境，交上朋友。"

"你真是心灵手巧，各种编织、各种手工画都做这么好。"

"你很温暖，会在妈妈生病的时候，给妈妈做饭。"

……

如果父母在女孩小时候，给予

我女儿的手可真巧！

的否定比较多，想要在青春期重建自信，就更需要挖掘她身上具体的闪光点。比如，可以回忆她小时候发生的能体现她优秀品质的具体事情，下面的提示可以帮助你把回忆变得具体化。

①事情发生在孩子几岁时？

②当时是什么情况？

③孩子说了什么？做了什么？

④你为孩子感到自豪和骄傲的原因是什么？

交流多用鼓励和肯定的语言

父母需要帮助女孩学会用积极的方式来看待自己和他人，从而培养积极的自我认同和自我价值感。

为了引导女孩进行积极的自我认同，父母需要在平时与她们的交流中多用鼓励和肯定的语言。比如，可以说："你做得很好！""你很有潜力。""我相信你可以做到。"等话语来增强女孩的自信心。

鼓励个性表达，给予正面反馈

每个女孩都有自己独特的个性和特点，我们应该鼓励她们勇敢地表达出来。另外，提供反馈和鼓励是帮助女孩建立自我认知的关键。这不仅仅是赞美她们的成就，更重要的是赞赏她们的努力和进步。

比如，虽然女孩的学习成绩不突出，但每学期都会取得一些积极的进步，我们可以和她说："你进步了，有进步很厉害呀。"着重对进步的赞赏并给予正面反馈，而不是仅仅关注结果。

3 理智追星，理智女孩需要理智追星

越来越越多的青春期女孩，开始痴迷于追星。她们热衷于加入粉丝团，给偶像疯狂打 call，为了维护偶像形象与其他明星的粉丝发生言语冲突。甚至有狂热的追星女生，为了偶像的签售会逃课，为了助偶像氪金买代言，不惜偷偷花家里钱。

因为喜欢，女孩还会搜集偶像大量的海报、照片以及相关信息，购买印有偶像图像的卡片、勋章以及偶像代言的产品。她们熟悉偶像的体重、身高、喜好等信息，也会模仿偶像的风格。

心理学中有一个专门的名词用来描述追星产生的这种关系——"拟社会关系"。如果你非常了解一个人，甚至迷恋或者爱上了对方，但对方却对你一无所知，那么你就身处在一段"拟社会关系"里。拟社会关系是一段单向的关系，最常见的就是粉丝对偶像的爱慕。

偶像崇拜是女孩在青春期的一种心理需求，她们需要寻找自我认同和归属感。青春期的女孩还不清楚自己未来将成为一个什么样的人，而偶像让她们看到了具体的榜样。女孩追星其实是希望成为像明星一样闪耀和成功的人，她们的愿望有多强烈，行动就会有多狂热。

追星到底是好是坏？这取决于女孩陷得有多深。美国德锐大学的麦卡琴教授从三个维度区分了追星行为。

①娱乐社交型

阅读、了解他的信息给我带来快乐；

我喜欢与周边的人谈论分享他的信息。

这类追星主要是作为一种娱乐和社交功能存在。

②个人情感型

我将他视作为我的灵魂伴侣；

在我不希望的时候，我也会经常想起他。

这类追星已经达到了一种较为痴迷的程度，与偶像间形成了一种虚拟的亲密关系。

③边缘病态型

如果可以，我愿意支付大量金钱用于购买他的一件私人物品；

如果可以见到我的偶像，即使他让我做一些非法的事情我也愿意。

这类追星已经上升到了"疯狂"与"非理性"的程度。

据心理学家的分析，青春期女孩"追星"的心理动因主要有以下几个方面。

追求成功心理　模仿偶像，获得成功

炫耀心理　在同龄人面前炫耀

巩固在同龄人中的地位

从众心理　跟随潮流

青春期女孩追星的心理原因

共鸣心理　情感共鸣

将歌词当作指南

替代满足心理　转移对异性的幻想

身份认同心理　在粉丝群体中有归属感

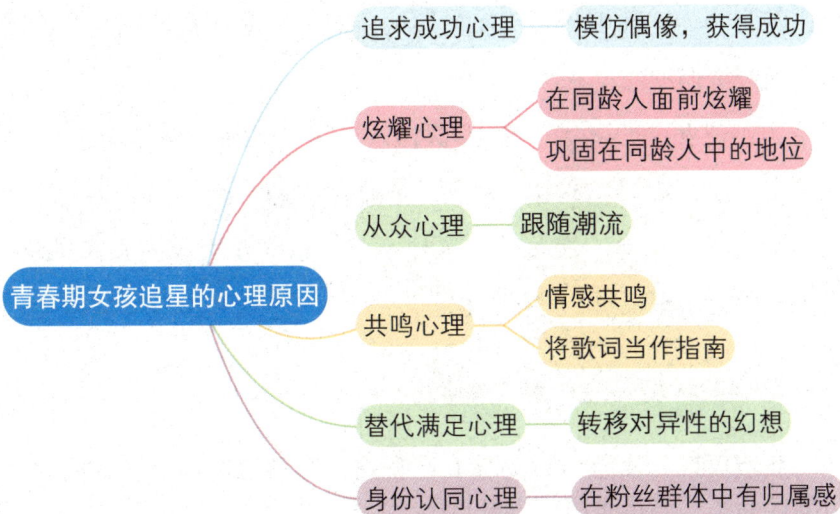

心理学家认为，青少年对于偶像的崇拜本质上属于一种自我防御，以转移青春期的性冲动和社会交往带来的焦虑。偶像是苦闷生活里的一束光，承接了女孩无处宣泄的情绪和对情感的渴求，也让渴望得到肯定的女孩产生模仿、认同、追随的行为。女孩追星的过程，就是将情感投射到了代表自身欲望与理想的偶像身上。

其实，追星也可以说是在追自己，在追求自己心中想成为的人。所以，对于女孩来说，有榜样、有崇拜的人并不是坏事，反而可能促进成长。

但是，追什么样的"星"，选择什么样的人作为偶像，以及迷恋程度的深浅，会对女孩的价值观、人生观产生重要影响。因此，女孩追星的心理和行为需要有正确的引导。

那么，我们如何帮助女孩理智追星呢？

不压制、不放任

我们需要对女孩的追星行为有更多的包容和理解，给她们一些自由的空间，一味地说"追星会影响学习"可能让女孩觉得不被理解，激起她们的逆反心理。

为避免女孩的追星行为出现过激或危险的倾向，我们可以引导女孩培养学习以外的兴趣。比如，鼓励她参加一些与偶像相关的正向活动，如音乐会、展览等。这样不仅可以满足女孩的追星需求，还能帮助她拓展视野、增长见识。

分析利弊，积极引导

我们可以和女孩讨论为什么会喜欢自己的偶像，启发她们发掘偶像的闪光点，看到偶像身上努力奋斗的精神，而不仅仅是掌声、鲜花和喝彩。让女孩学习偶像的优点，汲取偶像正向的力量，增强积极向上的动力，同时要引导女孩正确认识和分析追星的弊端。

制定规则，理性追星

制定计划和规则，避免让追星影响女孩的学习和生活。比如，规定女孩追星不能盲目，不能为追星而过度消费，不能为了看偶像的电视剧而熬夜等。

可以尝试让女孩理性追星，建立奖惩机制，规范她们的行为，督促她们的学习，将追星转化为学习的动力。

4 适度消费，帮女孩树立良好的消费观

英国心理学家布鲁斯·胡德说："消费是人类的天性。"

青春期的女孩在一天天长大，而身边这个"花花世界"里，漂亮的服饰、时尚的首饰、个性玩具等所有的一切，无时无刻不在吸引着她们买买买。

初二的小梅非常热衷于网购，几乎每天她都会收到包裹。她每天放学第一件事，就是兴奋地拆快递。

青春期的女孩消费观念还不够成熟，在自己日常的消费活动中也比较少有理性消费，更多的是沉浸在购物带来的满足和快感当中，简单地认为消费就是花钱。

尽管她们在经济上还没有独立，在消费选择上却往往有比较强的自我意识，强调自主性。在面对琳琅满目的商品时，一般不会采纳旁人的意见，而是会根据自己的认知和喜好做出选择。

青春期女孩的消费习惯一般有五个特点。

①想买就买

喜欢就买，很少考虑价格因素。

②追求个性化

倾向于个性化产品，彰显自己的独特性。

③追求潮流化

倾向于购买时尚商品，追求流行文化。

④追求品牌

因为攀比心，对品牌认可度较高。

⑤受外界影响

容易受同伴影响。

容易受广告影响。

这就导致青春期女孩消费行为的盲目性。她们很容易受表相迷惑而盲目行动，这种迷惑包括华美的包装、精致的外表、时下流行以及名牌效应。她们也会通过各种平台的"种草"，稀里糊涂地就入手了。

消费行为学家曾做了一个关于青少年兴趣爱好的统计研究，在消费行为中，直播手游、美食、社交购物等行为占据遥遥领先的地位。青少年会在微信、微博、抖音、小红书、淘宝等 APP 上投入大量时间，而这些 APP 里植入的广告，会在平台疯狂"种草"。这种现象在心理学上称之为"冲动性种草行为"。产生这一行为的原因之一是新事物的刺激。

导致女孩过度消费的原因有很多，常见的有以下几种。

从众心理
- 模仿周围人的行为
- 对产品广告产生好奇

虚荣心理
- 期待在同伴中获得关注
- 以特别的东西表现自身特殊性
- 通过高消费来获得他人的认可和尊重

青春期女孩过度消费的原因

缺乏对金钱的正确认识 —— 不懂得钱来之不易

释放压力
- 把消费当作放松
- 金钱带来片刻的快乐

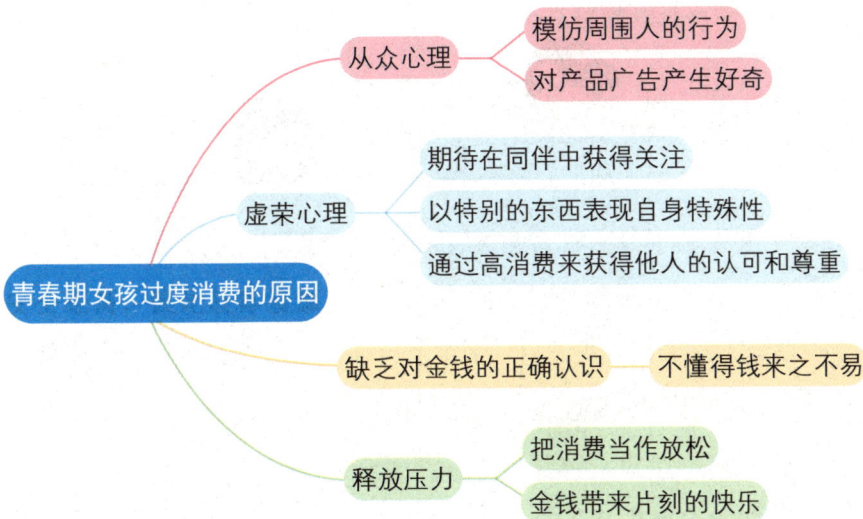

"放纵"的消费行为对女孩的成长弊多利少。一方面，女孩把注意力放在吃穿打扮上，就会忽略学习；另一方面也会造成同学之间严重攀比，助长女孩的虚荣心。更重要的是，无节制的消费，也会让女孩失去对金钱的控制能力，对金钱产生"无所谓"的态度。

理性消费则是指在自己的能力范围内按需购买，是一种有计划的消费。理性消费可以帮青春期女孩树立正确的消费观，学会合理规划金钱，谨慎使用金钱，避免浪费。同时，还能培养她们对于广告、销售手段的辨别能力，以及对不合理消费的拒绝能力。

那么，我们该如何帮女孩建立健康的消费观呢？

建立预算意识

与女孩一起制定每月的零花钱预算。当女孩想要购买一些昂贵的物品时，鼓励她们设立储蓄目标，帮助她们理解通过储蓄可以实现更大的梦想。能够让女孩学会合理支配金钱，培养她们对金钱的掌控能力。

帮女孩分清楚"需要"和"想要"

这两个词在女孩的消费行为中，意味着她们在消费的过程中有没有冲动消费。而我们要帮助女孩区分她们的实际需求，控制住"想要"就买的想法。鼓励她们养成在购物前列出一个"需要"清单的好习惯，在购买商品时按需购买。

帮助女孩体会金钱的来之不易

让女孩明白，金钱是需要劳动才能获得的。父母可以通过奖励的方式，帮助女孩明白获得与付出的关系。比如，在完成额外家务、学习等任务后，父母可以给予女孩一定的奖励，让她们明白自己的所得是需要付出的。

5 良性比较，鼓励女孩努力成为更好的自己

青春期的女孩，开始喜欢跟别人比较。无论是家境、外貌、物质还是学业成绩，都能成为她们比较的对象。如果比别人强时，就会感到自豪和满足；如果不如别人时，就会心生自卑，甚至产生妒忌之心。

初二的筱筱在课间时听到了两个同学说话：

A 同学："我的鞋是妈妈刚从商场买的。"

B 同学："那有什么了不起的，我穿的这双是爸爸从国外买的，还是大牌呢。"

筱筱听见后低头看了看自己的鞋，有点脏，只是普通运动鞋，也没有什么牌子。回家后，她犹豫了很久后，和妈妈说："妈妈，我想买双品牌鞋！"

妈妈问："为什么要买那么贵的鞋？"

"班上的同学都穿名牌，都非常好看，只有我穿没有牌子的鞋子。现在我都不和他们一起走，怕他们笑话我。"筱筱越说越委屈，还差点哭了出来。

我回家也让妈妈给我买一双好鞋。

我的鞋是大商场买的。

我穿的这双是爸爸从国外买的，还是大牌呢。

由于学校规定统一穿校服，只有脚下的鞋子可以攀比了，所以男孩、女孩对鞋子的要求就越来越高，认为鞋子越贵，在同学面前就更有面子，甚至通过观察同学的鞋子来判断其家庭的经济状况。

除了穿戴上的比较之外，文具攀比在女孩之间也颇为盛行。私底下，她们会暗自竞争，比较谁的文具更好，谁的价格更高。这也导致文具市场上出现了各种各样的"文具刺客"。另外，生日宴会的规模、手机的品牌、价格等，也都能成为她们攀比的对象。

女孩们这些攀比行为的背后，隐藏着的是鲜为人知心理需求。

```
                    身边有爱攀比的同学    羡慕别人的东西

                                   别人有的，自己必须也有
                         竞争意识
                                   希望成为人群中的主角

女孩爱攀比的原因          归属感的需要      要融入喜欢的群体
                                   希望在群体中获得认同

                    自卑，渴望获得关注    通过攀比引起关注

                    虚荣心理    抬高自己，以显示"优越"
```

心理学认为，"比"是人的本能行为。青春期女孩通过比较，试图在某些方面超越他人，显示自己的优越性，渴望获得关注和认可。

比如，青春期的女孩，想要通过穿衣打扮让自己在同学面前引人注目。如果这种需求没有得到满足，那么她的心里不仅只有失落感，更多的是抱怨父母不关心她、不重视她。

毕竟，爱美之心有皆有之，哪个女孩在青春期，不愿意自己漂亮一点？不愿意自己在众人面前穿得体面呢？如果这种需求被父母接纳和认可，就算最后没有被满足，她也不会那么生气。

青春期女孩的比较行为，是她们建立自己的认知和价值观的过程，并且在比较的过程中认知自己和认识社会。

对于青春期的女孩来说，关键不在于有没有比较，而在于比较是消极的还是积极的。

①消极的比较

消极的比较是错误、盲目的，只会给自己制造焦虑，引发自卑感、嫉妒心和挫败感，让女孩陷入自我怀疑和情绪内耗中，在虚荣中迷失自己。

②积极的比较

积极的比较，令女孩斗志昂扬，充满上进心。积极的比较是以最好的自己为目标，看重自己取得的成就，关注自己的努力，为自己的进步而鼓舞，并不在乎别人是否比自己更好。

如果看到自己和别人有差距，也不认为"我做不到"，而是认为"我只是目前还没做到"。

那么，父母应该如何引导女孩进行积极的比较呢？

引导女孩和自己比

当女孩因为感觉比别人差而自卑时，父母要引导她和过去的自己比。比如，上次800米跑了3分钟50秒，而这次跑了3分钟40秒，这就是进步。不必嫉妒那个跑了3分15秒的女孩，因为你不是她，她也不是你。

引导女孩用别的方式赢得关注

当女孩热衷于外在的虚荣来吸引关注，不妨告诉她，"你现在花的钱，都是父母赚的，证明不了你的能力。让我们比一比谁的能力更强、本事更大吧。"让女孩知道，她还有很多途径可以展示自己的优秀，获得关注。比如，学习成绩的优秀，文娱晚会上的钢琴、舞蹈、吉他等表演，或者运动场上的冠军。

帮女孩建立多元的框架

我们可以告诉女孩："每个人都有不同的优点，有些比较突出，有些不那么明显。"

"在这个人群里是'透明人'似的女孩，可能在另一人群里却发出了夺目的光芒。"

"长得漂亮的女孩，可能情商低；社交能力不强的女孩，可能成绩很好；成绩不好的女孩，也许视野很开阔。"

……

目的是让女孩明白，每个人都是独特的个体。所以，是不具可比性的，不需要通过与他人的比较来证明自己的价值。鼓励女孩探索自己的兴趣和才华，让女孩可以在这个信念的指引下，按照自身的特点去追求想要的生活。

第五章

绿色上网，引导女孩从被动到主动

1 满足心理需求，让女孩不再依赖手机

很多正值青春期的女孩，网络成为她们的"精神故乡"，她们在网上聊天、玩游戏、看电影、交朋友、购物等。甚至手机不离手，随时随地点亮屏幕，刷上一波，达到一种痴迷的状态。

小满放学就把自己关到房间玩手机，她告诉妈妈自己在用手机查学习资料。有一次妈妈发现她一直在聊天，立刻训斥了她。她非常生气地说，自己只是在和同学讨论作业。

有研究表明，女孩比男孩更容易对手机上瘾，这可能是因为女孩更喜欢使用社交媒体和消息应用程序的原因。研究报告显示：男生中，使用社交媒体应用的比例为 26.5%，使用消息应用程序的比例为 12.8%；女生使用这两类应用的比例分别达到 41.2% 和 23.6%，

显著高于男孩。

而且，网络世界充满了新奇的事物，宛如一片神秘森林，每一步都充满未知和惊喜。青春期女孩的自控力本就薄弱，自然容易沉迷其中。

青春期女孩沉迷网络的表现多种多样，有的沉迷于社交，有的沉迷于购物，有的沉迷于视频，有的沉迷于游戏等。但归根结底，任何形式的网络成瘾背后，都有着一个或多个心理动机。

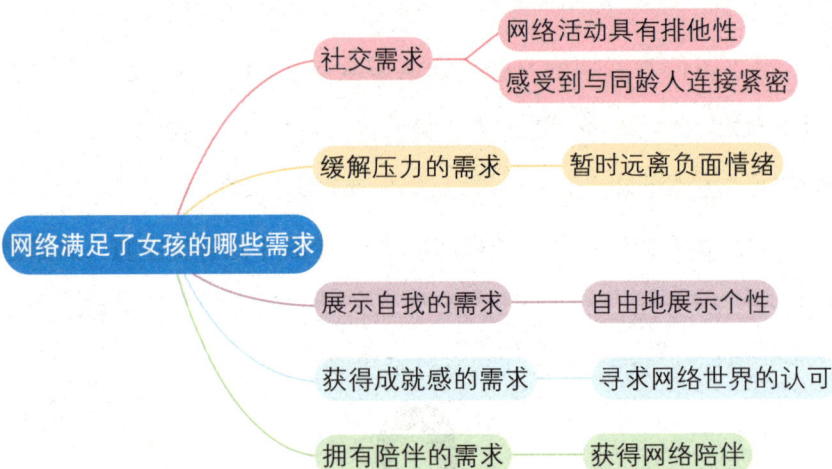

青春期是女孩一生中心理发展最活跃的阶段。在这个阶段，她们的心理需求非常旺盛。她们有交朋友的需求，有被异性关注的需求，有被赞赏的需求，有被呵护、关爱、陪伴的需求等。当女孩的这些心理需求在生活中得不到满足，她们就会去网络中寻找。

女孩在青春期会面临很多压力，比如，每天写不完的作业，父母的不理解，老师的批评责备等，虚拟的网络就成了情感宣泄和释放压力的窗口。

　　沉迷网络的另外一个原因是受"蔡格尼克效应"的影响。蔡格尼克效应是前苏联心理学家蔡格尼克在一个记忆实验中发现的心理学现象。实验中，被试者被要求做22件简单的工作，如写下一首自己喜欢的诗，从55倒数到17，把一些颜色、形状不同的珠子按一定规律用线穿起来等。在这些任务中，有一半需要试验者坚持完成，完成后才会进入下一项任务。另一半则不需要坚持完成，当快完成的时候，总会有其他事情来打断。

　　实验结束后，当被试者被问到刚才做了什么任务时，未完成的工作被回忆起68%，坚持完成的只能回忆起43%。

　　蔡格尼克认为，人们对于尚未处理完的事情，比已处理完成的事情印象更加深刻。另外，人们天生有一种办事有始有终的驱动力，这就是完成欲。比如，尽管你特别讨厌电视剧中插播的广告，但还是会硬着头皮看完，因为广告插入前剧情正发展到高潮处。同理，当女孩正在和同学聊天，正在打游戏，或者正在追小说、追剧，也会想坚持完成，而不喜欢中间被打断，以至于无法停止，欲罢不能。

　　那么，父母应该如何减少女孩对网络的依赖呢？

鼓励交朋友

　　为避免女孩深陷网络世界无法自拔，父母可以鼓励她们多结交朋友，甚至可以制造一些机会让女孩多与别人接触。

　　比如，周末趁女孩在家的时候，邀约朋友、邻居、同事家的孩子来家里做客，或者邀请女孩班上的同学来家里玩。

用心陪伴

　　父母要学会发现女孩的优点和特长，以此来激发她们的潜能。比如，女孩写作水平不错，父母可以鼓励她们去参加学校或者市区征文比赛，如果能获奖将极大地增强她们的自信心，激发她们的上进心。

另外，也可以饭后陪女孩散散步、周末爬爬山、到农村体验一下采摘果蔬或者劳作的乐趣等。

提供替代活动

鼓励女孩参与其他有益的活动。比如，户外运动、艺术创作、阅读以及与家人和朋友的交流。提供各种休闲娱乐的方式，把她们的精力转移到这些有益的事情上去，让她们意识到手机并不是唯一的，还有更好玩或更有意义的事可以去做。当她们在日常生活中，有足够的事情可以充实时，就不会过度依赖手机。

选择替代活动，最重要的标准是女孩感兴趣。能让女孩感兴趣的事情，一种是她比较擅长的，因为擅长，她能做得很好，并从中体验到成就感。另一种，是她单纯喜欢的。这种喜欢没有功利性，只是发自内心的热爱。比如，女孩可能喜欢拍照、十字绣、给偶像画像等。只要适当，父母都可以予以支持，帮助女孩逐渐从手机里面解脱出来。

2 适度放手，让女孩自主管理手机

放权让青春期的女孩学习自我管理，慢慢形成自我控制能力，可以帮助她们合理使用手机，提高自制力。

什么是自我管理？自我管理，又称为自我控制，是指一个人在面对诱惑或冲动时，通过内在的力量管理自己的行为、情绪和想法。

对孩子来说，自我管理主要就是学会控制自己的情绪和行为。自我管理能力形成的第一步就是消除对她的控制，建立开放而信任的亲子关系。当女孩感受到信任和理解，就能慢慢学会自控。在孩子的成长过程中，自我管理能力的训练有两个关键期。

第一个关键期：3—6岁

大多数孩子在3岁以前，神经系统的发育还不完善，对自我控制缺乏必要的身体条件。

3岁以后，大脑和神经系统的发育相对完善，生长发育就到了一个新阶段。

在这个阶段，孩子的自我意识开始萌发。他们会有展示自己能力的强烈意愿，什么事情都想要自己试一试，同时也开始认识规则，并乐于接受管束。

此时培养孩子的自我管理能力，可以有效锻炼孩子大脑前额叶皮质的"控制力"，让他成长为自律力超强的孩子。

第二个关键期：12—16岁

青春期是大脑发育的第二个高峰，尤其是在神经元连接和突触形成方面。这意味着青少年的大脑对学习和适应环境变化具有极强的可塑性。

在这个阶段，孩子的自我意识进一步觉醒，渴望摆脱大人的约束，希望通过自己的努力获得尊重和认可。此时培养他们的自我管理能力，将会让他们变得成熟、独立、自信、有责任心。

而且这一阶段的孩子容易叛逆、自由、散漫，如果不去有意识地训练他们的自控力，将会使得他们变得无组织、无纪律，甚至放纵。

自控力和大脑的发育有关，美国心理学博士·凯利麦格尼格尔在《自控力》一书中指出，自控力由大脑的前额叶皮层控制，而大脑前额叶又分为三个不同的区域，分别代表三种不同的力量。

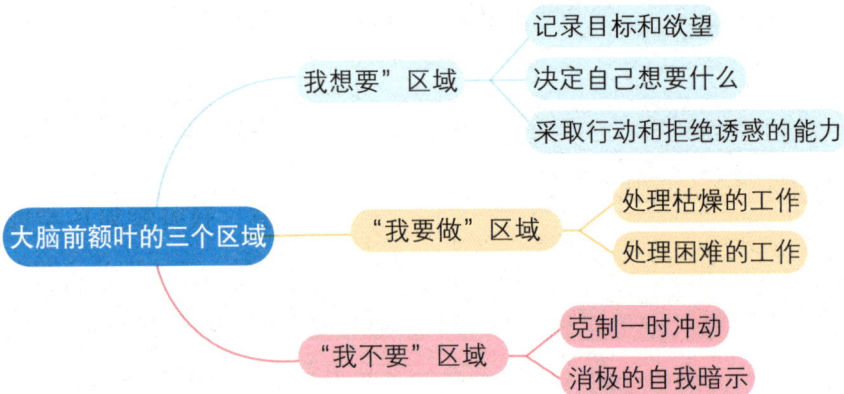

大脑前额叶的三个区域
- "我想要"区域
  - 记录目标和欲望
  - 决定自己想要什么
  - 采取行动和拒绝诱惑的能力
- "我要做"区域
  - 处理枯燥的工作
  - 处理困难的工作
- "我不要"区域
  - 克制一时冲动
  - 消极的自我暗示

"我不要"常常给我们带来消极的自我暗示，越不让做什么，心里反而越会增加对这件事情的向往和好奇。

心理学家曾经做过一个实验，叫作"请不要想蓝色"。实验内容如下：一个人越是告诉我们，不要想蓝色，我们越是忍不住要想蓝色，甚至还会扩展到什么是蓝色，哪些东西是蓝色的，为什么不能想蓝色，最后导致的结果就是满脑子都是蓝色。

不能想蓝色。

当处于青春期的女孩，手机被没收或者手机中的应用程序被粗暴地删除时，只会激发出她们对手机更大的兴趣。

这就是"负强化"管教行为——越是禁止，越是渴望。而且，如果女孩一直被禁止使用手机，到大学有了足够的自由后，就会报复性地沉迷手机，用以代偿曾经的缺憾。这是一种常见的"报复性心理补偿"，即一旦外在管控撤销后，人们就会加倍去做长期以来被压制的事情，对自己进行报复性补偿。

成长就是从"他控"走向"自控"的过程。这个过程是缓慢的、递进的，需要父母适度放手，充分信任。

从长远来看，让女孩拥有管理手机的能力，也是她自律的开始。这个自律能力和自我管理能力可以迁移到生活、学习等其他方面，成为她未来更优秀的素质。

那么，父母该如何放手，让女孩自主管理手机呢？

不犯嘀咕，从内心相信女孩是个自觉的人

当你开始把手机交给女孩自己保管，那就选择了信任。不要总犯嘀咕，她是不是玩手机忘记了时间？她作业写完了没有？……

如果你还像以前一样焦虑万分，那么孩子自然能感受到，自我管理计划就很难进行下去，她们总会担心父母会忍不住去唠叨、督促、责难。

你相信她会管理好，她才能管理好。青春期的孩子，已经不像父母曾认为的那样什么都不懂，她的自我管理能力也没那么差。给她自由，让她学习，并相信她能做好。哪怕心里焦灼不安，也要对她说："我相信你能做到！"。

> 你自己保管吧，我相信你能做到合理使用。

> 放心吧，妈妈。

让女孩自己制定计划，感受真正的自由

有父母说："我都让她玩 2 小时手机了，还不够吗？"孩子感受到的自由并不是真正的自由，它不是取决于时间的长短。父母给了她 2 个小时，表面上是自由，实际上还是控制。因为还是你说了算，而不是他说了算。

要让女孩自我管理，那就让她做主。让她决定使用手机的时间，是在写作业前使用还是写作业后使用。哪怕她的安排不符合你的期望，比如，她决定先玩手机再写作业，这时候，即使你心里一百个不愿意，也不要干涉，更不要批评。

只有女孩感受到真正的自由，才能学会自我管理。

3 精神富养，内心富足的女孩不迷恋网络

女孩沉迷网络看似是因为网络的巨大吸引力，背后真正的原因也许是内心的匮乏感导致。

内心匮乏的女孩缺乏自我认同感，希望从网络中寻求认同。内心匮乏感的女孩缺乏目标，感到十分迷茫，觉得生活毫无意义，依赖从网络中寻求快乐。内心匮乏感的女孩常被孤独包围，渴望从网络中找到安慰。

所以，内心匮乏的女孩更容易沉迷手机带来的低级快乐。因为这种快乐的获取太方便了。就像西式快餐，因为高油、高糖、好吃，而且价格不贵、方便快捷，很容易给身心带来满足感。同理，女孩在无聊的时候，烦闷的时候，随手拿起手机刷一刷短视频，和朋友聊聊天，组团打一打游戏，都能获得短暂的快乐。

低级快乐因为简单、直接、易于获得，所以容易让人成瘾。

但令人困惑的是，有些被"富养"长大的女孩，为什么会出现内心匮乏呢？

社会心理学家认为，那些从小被"富养"的女孩，对于外界的诱惑具有更强的抵御能力，拥有更开

阔的眼界和更高的格局。但这里的"富养"并不单纯指物质上的富养，还包括精神方面的富养。如果女孩只是物质上拥有，精神上匮乏，自然内心是匮乏的。

精神富养主要包括以下这几个方面：

①富养是高质量的陪伴

放下手机、认真倾听、积极回应、全情投入、平等讨论，这些高质量陪伴，你做到了吗？只有高质量的陪伴，才能够给予女孩足够的安全感。

②富养是爸爸妈妈彼此相爱

夫妻相爱，给女孩提供一个快乐无忧，充满安全感的家，她会体会到最多的温情和爱意。

③富养是父母乐观的生活态度

积极的态度滋养孩子，悲观的态度抹杀孩子。父母对生活积极乐观的态度，会感染到女孩，让女孩从小看到生活中的美好与快乐。

④富养是父母不断学习成长

成长是相互的，女孩需要成长，父母也需要。和孩子共同成长，才能建立亲密而有安全感的亲子关系。

⑤富养是父母平和的情绪

父母对女孩情绪问题的反应方式，对她们一生处理情绪的问题都有深刻影响，包括她们自身的情绪，以及与他人的情绪联结。父母快乐，女孩才能快乐。

富养女孩的"富"不是富裕的"富"，而是丰富的"富"。内心富足的女孩有强大的抗诱惑能力。这是因为被富养的女孩，常通过阅读、思考、自我成长等方式来丰富自己的内心世界，根本不需要网络来填补内心的空白。

有丰富的经历和眼界
- 理解新鲜事物
- 理解世界的多元
- 心态开放、求同存异

有很强的安全感
- 自信、乐观
- 以善意回馈外界

精神富足的女孩什么样

有丰富的创造力
- 用奇思妙想思考问题
- 不怕思考出错
- 有动力深挖创意
- 有动力拓展思维

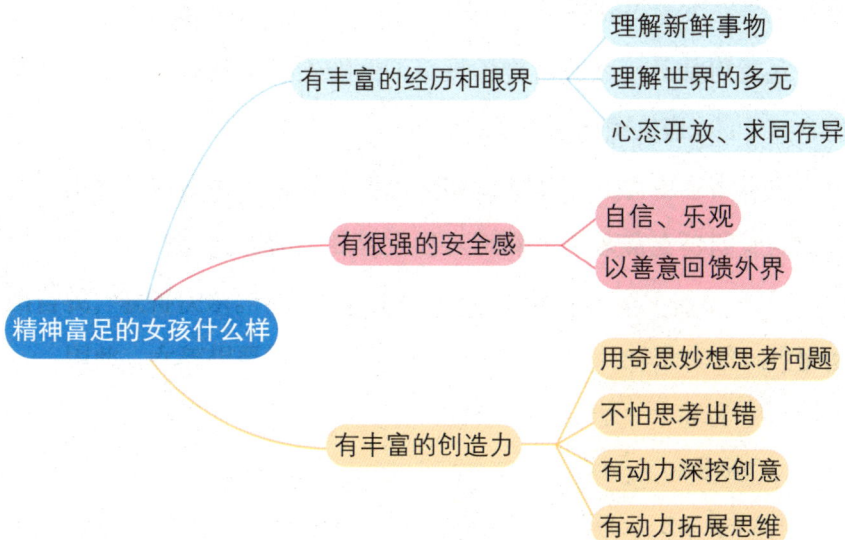

精神富足的女孩，不容易被低级快乐吸引，她们感受到的是更高层次的精神愉悦，更高级的快乐。低级的快乐往往是表面而短暂的，一旦满足感消散，可能会感到空虚、焦虑和挫败。而高级快乐带来的满足感，更持久、深刻。

相对于低级快乐的唾手可得，高级快乐源自于延迟满足。延迟满足的能力，能让我们抗拒即时的诱惑，追求更长远的目标和价值，从容掌控自己的生活，而不被短暂的快乐所迷惑。

物质只能带来短暂的欢乐，唯有精神上的愉悦是发自内心的，是永恒的。

那么，父母应该如何精神富养女孩，让女孩内心富足，避免沉迷网络呢？

一起读书讨论

在书的世界中，女孩能够不断地和作者交流对话，她的思维深度和思维广度会得到快速的提升，成为一个更具内涵的人。

还记得前几年才女武亦姝在诗词大会上的不凡表现吗？这就是博学多才的知识给她带来的底气。

富养书香女孩，主要体现在父母要舍得花钱为女孩买好书，要舍得花时间陪女孩亲子共读，更要从骨子里相信阅读的力量。

一个读书多的女孩内心会更有力量，有办法去应对生活中的困境。

多接触大自然

有科学研究证实，父母带孩子接触大自然，出去旅行，见识更广阔的世界，这些丰富的自然和社会环境都会刺激孩子大脑的发育。

我们可以在周末和节假日，多选择带女孩去户外，森林公园、植物园、湿地都是不错的选择。

大自然的蓝天白云、朝霞落日、鱼虫鸟兽，可以让人心旷神怡，更可以修炼女孩的内心。

4 AI 时代到来，引导女孩正确使用互联网

随着人工智能技术的迅猛进步，AI 时代已经来临。在过去的一段时间里，人们见证了人工智能在某些领域优于人类的突出表现，并越来越多地渗透进人们的日常生活。

因此，除了赞叹技术的进步之外，人们讨论的核心越来越聚焦于，人类究竟会不会被人工智能所取代？

一些人认为，AI 的出现可能会导致未来某些职业的消失。美国《科学》杂志曾做出判断：到了 2045 年，全球 50% 的工作岗位会被 AI 的机器替代；而中国有高达 77% 的工作岗位被替代。也就是说，未来中国每 4 个工作中会有 3 个由 AI 来代替。

清华大学举办的腾讯青少年科学大会现场发生了这样一幕：清华大学人工智能研究院常务副院长孙茂松站在台上，给孩子们看了两首七绝诗，问他们哪一首更好？

第一首是古人写的，第二首是人工智能写的，但孩子们事先不知道，最后投票给第二首的人数是第一首的两倍。

孙茂松院长对台下的孩子们说："我们不会被机器整体取代，我们既要充分乐观，但是也要充分警惕'每个人作为个体会不会被替代'。"

如今的青少年，是与人工智能共同成长的一代。在这个时代，如果女孩不会操作电脑，不会使用互联网，就会成为现代新文盲。

随着 AI 技术的普及，许多传统行业都在发生变革。一个在未来有竞争力的人才，不仅要有"读万卷书、行万里路"的丰富知识、多维度思考的探究精神，同时也要具备更加适应信息时代的新技能。

让现在的女孩完全不接触网络几乎是不可能的。况且，使用网络也是其基本权利，重要的是防止女孩网络成瘾或网络沉迷。如何防范呢？重要的核心要素就是女孩网络素养的提升。

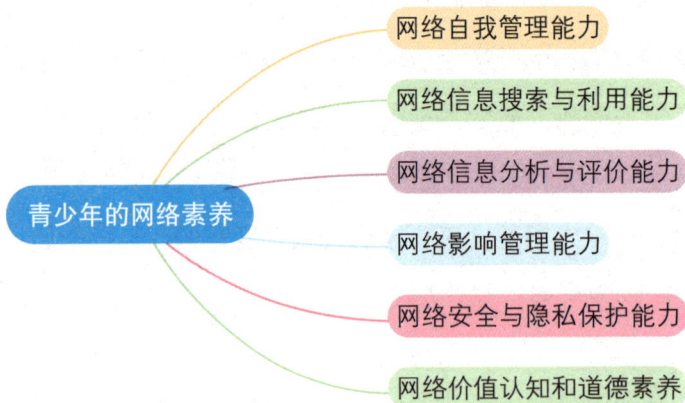

```
                                网络自我管理能力

                                网络信息搜索与利用能力

                                网络信息分析与评价能力
    青少年的网络素养
                                网络影响管理能力

                                网络安全与隐私保护能力

                                网络价值认知和道德素养
```

在信息爆炸，智能技术迭代飞快地时代，让女孩的网络素养跟上人工智能技术发展的步伐，能够让她们在虚拟环境中学会保护自己、鉴别信息、健康成长。

虽然，互联网的匿名性、便利性和逃避性等特点，使其具备了难以抗拒的吸引力，让女孩有了沉迷于这一虚拟现实的可能性。

但互联网的便捷性、高效性、多样性和互动性等特点，又可以帮助女孩在线高效学习外语和学习其他技能，并为她们提供了互动和合作的学习机会，有趣的游戏化学习模式也激发了她们学习的兴趣。

网络是一把双刃剑，它既能开阔视野，又能成为误入歧途的源头。关键在于，我们如何引导女孩建立正确的网络信息识别能力，培养健康的上网习惯，以及在虚拟世界中保持清晰的是非观。

那么，我们应该如何引导女孩正确使用互联网呢？

引导女孩正确使用搜索引擎

①选择与自己需求相关的关键词进行搜索，以提高搜索结果的相关性和准确性。

②使用引号和减号。利用引号将关键词括起来，以获得特定短语的搜索结果；使用减号来排除某些不相关的搜索结果。

③利用搜索筛选工具。搜索引擎通常会提供各种筛选工具，例如按时间、地点、文件类型等筛选搜索结果，以缩小搜索范围。

④阅读摘要和缩略图。在搜索结果中，可以通过阅读摘要和查看缩略图来判断搜索结果的相关性和可信度，以快速筛选和评估搜索结果。

引导女孩使用网络工具

鼓励女孩使用网络工具进行学习和制作动画、幻灯片、个人网页等，并展示、发表自己的作品。

网络学习工具包括：交流工具、知识获取工具（各种搜索引擎等）、知识加工工具（在线字典、在线翻译等）、知识管理工具（思维导图制作软件等）……

辨别真实和虚假信息

女孩应该注意验证搜索结果的信息来源，可以查看网站的域名和作者的资质，以判断信息的可信度。或者通过多个渠道确认信息的真实性，比如查阅多个报道，调查相关数据等。

在查看信息时，要尽量辨别信息中是否带有过多的虚假成分，尤其是要警惕网络上的广告信息，过度渲染和夸大，很有可能就是虚假信息。

引导女孩注重网络安全

教女孩尊重他人隐私，同时也保护个人隐私，避免在网络上泄露个人信息，如姓名、地址、电话等。同时，让她们了解网络钓鱼、不健康内容等网络风险，并注意识别和应对。

第六章

异性交往，教女孩正确面对"怦然心动"

1 正视，教女孩认识这世间美好的感情

青春期的女孩，其心理和生理都发生了很大的变化，其中非常显著的特点是，开始对异性和亲密关系产生浓厚的兴趣。

她们会更愿意结交异性朋友，在面对异性时还可能会产生亲近、憧憬等心理。这种心理的产生，是青春期情感萌动的具体表现。

初二的自习课上，小靖正在看小说，在她抬头想看看老师来没来的时候，不经意间，正好和迎面走来的男同学对视，两个人都笑了。这一笑，在小靖的心中激起了涟漪。之后，小靖开始频繁地找那个男同学说话、讨论问题，放学也和他一起回家。

对异性的喜欢，是个体进入青春期性生理发育与性心理发展的必然，是青春期性心理成熟的重要标志。

早恋，是青春期的少男少女经历感情萌芽和追求浪漫关系的过程。有心理专家认为，"早恋"这个词是不科学的。

青春期女孩的"早恋"并不是恋爱，只是少男少女表达喜欢的一种正常情感反应，它和真正的恋爱是有区别的，这可以从早恋的特点看出来。

青春期女孩"早恋"行为表现的特点。

①对象无选择性

不看性格、人品，只要男孩高大、英俊。

②轻率、盲目性

偶然相遇，一见钟情。

③非专一性

持久性差，没有排他性。

④封闭、隐蔽

背着家长、老师、同学进行。

⑤肤浅、外显

开始注意打扮自己，想引起对方注意，借故向对方讨好、献殷勤。

青春期的女孩，对某个男孩产生好感、爱慕、依恋，并没有感情之外的企求，只是觉得和他在一起时非常愉快，愿意和他分享快乐与忧伤，渴望向他表达爱慕之情而已。这是一种纯洁而美好的感情，这种感情的产生不以人的意志为转移，因而也就谈不上"早"与"不早"，"该"与"不该"，"能"与"不能"的问题。

一些女孩之所以会陷入早恋的情感无法自拔，除了生理上的原因，更多的是心理因素。

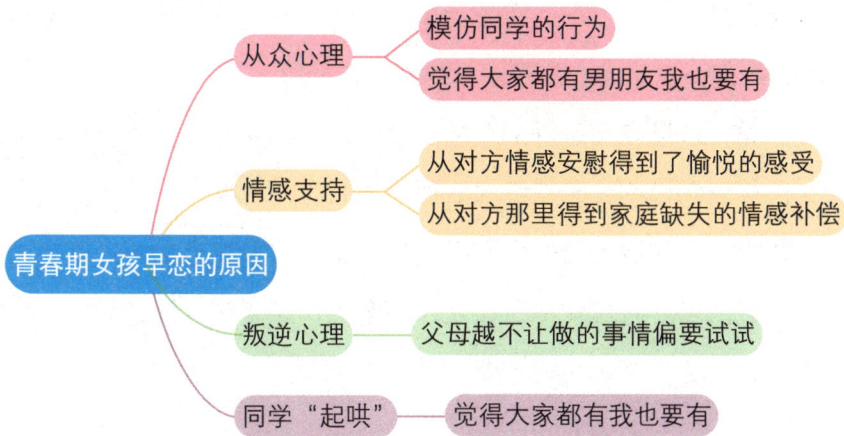

从众心理 —— 模仿同学的行为

觉得大家都有男朋友我也要有

情感支持 —— 从对方情感安慰得到了愉悦的感受

从对方那里得到家庭缺失的情感补偿

青春期女孩早恋的原因

叛逆心理 —— 父母越不让做的事情偏要试试

同学"起哄" —— 觉得大家都有我也要有

青春期女孩的异性交往是心理发展的需要，早熟的身体发育和心理特点使得女孩比男孩更容易受到异性的吸引，更渴望体验和探索"爱情"。

"早恋"可以帮助女孩获得更多对爱的理解和经验，让她们能够更好地理解自己和他人的情感需求，培养情感交流和处理的能力，从而在将来的恋爱中更加成熟和理性。同时，"早恋"还可以帮助女孩提前了解和认识自己的性取向和性别认同，对于形成健康的性别认知和性别角色有着重要的作用。

异性之间互相吸引和其他自然规律一样，很难人为地逆转。如果女孩的这种心理反应一味地受到压制和打击，反而不利于她们的健康成长。

那么，我们如何帮助女孩正视，青春期的这种美好的感情呢？

与女孩大方聊聊爱情

与女孩进行坦诚的沟通，有助于了解她们与异性的感情，以及她们对恋爱的理解。青春期的女孩对于恋爱和爱情的理解往往不够深刻，我们可以帮助女孩理性看待恋爱和爱情。

比如，通过和女孩讨论影视剧和小说，讲述自己的爱情经历等方式，与她们讨论关于爱情的话题，询问她们对异性的看法，并通过这些交流来传达正确的恋爱观。让女孩明白恋爱不是为了追求刺激和一时快乐，而是要承担起责任和义务，关心对方的感受，共同成长。

给予女孩支持和关爱

青春期的女孩在与人交往的过程中，往往需要更多的支持和关爱。当她们遇到情感问题时，我们可以耐心倾听她们的诉说，给予积极的建议和帮助，以安慰和鼓励为主，为她们提供情感支持。同时，尊重女孩的隐私和选择，避免对她们的情感生活过分干涉。

2 开导，让女孩把暗恋情愫悄悄珍藏

"暗恋"，就是偷偷喜欢对方，不敢表达，表面上风平浪静，实际上内心汹涌澎湃。青春期的女孩心思细腻，很容易有这样的情感体验。

女孩把这份情感深藏心底，生怕一不小心就被人看穿心思。一方面是怕被人知道自己尴尬，另一方面是因为它们对爱情的认知比较肤浅和流于表面，并未做深入和现实的分析，因而也不敢与外人表露，只能一个人默默感受这份甜蜜和心痛。

太帅了！好喜欢他。

正如心理学家所说，暗恋是一场甜蜜的折磨，在这一场自我创设的甜蜜折磨里，暗恋者们心甘情愿地付出着。

英国心理学家加文·斯密特说："暗恋最容易发生的情况之一就是'不敢'。这句话也许适用于青春期，当他们想要表达自己，却不知该如何说出来时。他们只能默默地等待着那一天出现。"

除此之外，青春期女孩的暗恋还有以下特点。

经常地注意对方

经常在意对方的言行

对对方的喜怒哀乐感同身受

关注对方的一举一动

避免与对方直接接触 —— 害怕被对方发现自己的情感

青春期女孩的暗恋特点

想象能与单恋对象公开相爱的情景

感觉自己与对方形成了恋爱关系

产生幻想和错觉

将暗恋对象理想化 —— 认为对方是世界上最好的

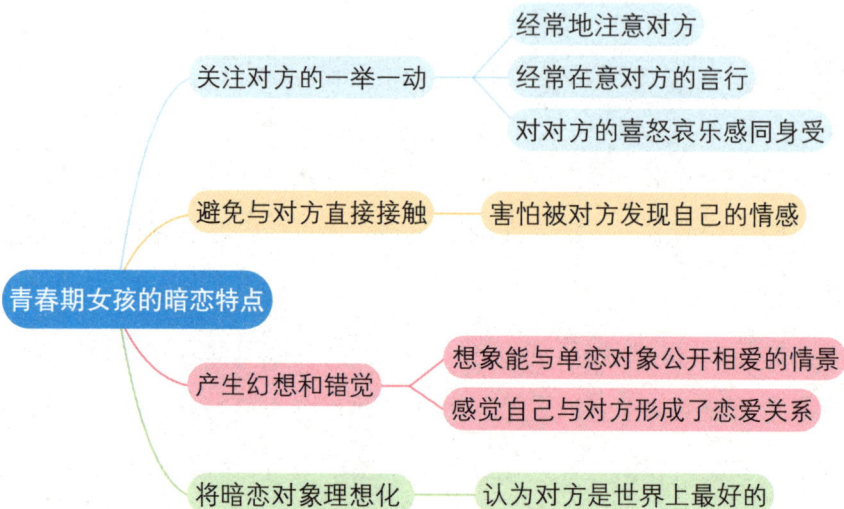

用精神分析的观点来看，暗恋是一种充斥着投射和理想化的情感。很多时候，女孩的暗恋对象，可能只是某一点符合她们内心对于"完美爱人"的想象，于是她们就把自己对"完美爱人"的全部幻想投射在了对方身上。

也就是说，她们喜欢的可能不是真正的那个人，而是一个添加了无数幻想和滤镜的对象。而暗恋之中的距离感，也给她们提供了充分想象的空间。一旦她们发现对方与自己想象中的样子不同，幻想的滤镜破碎，她们可能会瞬间失去兴趣。

初三时，小雅喜欢上一个体育特长生，她经常拉着同桌去操场围观他。这位男生发现有女生在偷偷看他，立刻像打了鸡血一样，百米冲刺跑出了吃奶的劲儿。小雅忽然冷了脸，兴趣索然地拉着同桌要离开。同桌问："怎么不看了？"小雅说："他冲刺的时候，迎风跑，脸抖得丑死了！"此后，小雅再也没有迷恋那个男生了。

对于一些女孩来说，"喜欢"不过是一种精神寄托，不会为此付出过多的情感和精力。可有些女孩在暗恋一个人的时候，会非常认真，会因为对方一句无意的话语、眼神或表情，而引起她们长久的情绪波动，往往容易大喜大悲，烦躁郁闷。

尤其是当女孩发现，自己喜欢的男生和别的女生谈笑风生，或者喜欢另外一个女孩时，她就会产生强烈的嫉妒心，从而陷入更加自卑、苦闷的境地。她们敏感又脆弱，长久压抑的情绪，甚至会让她们患上抑郁症。

家长应该尊重女孩的情感体验，在女孩产生暗恋和单恋的时候，给予适当的理解和支持，帮助她们度过可能是第一次的情感挑战。

那么，父母该如何开导女孩，把暗恋的情愫悄悄珍藏起来呢？

引导女孩用文字宣泄感情

建议女孩在每次思念对方的时候，拿起笔记录一下自己思念的心情与感受，将这些情感封存在文字里。如此，即使感情没有得到回应，这段暗恋的经历也是未来的美好回忆。

正视女孩感情的存在

告诉女孩，暗恋是正常且美好的事情，这恰恰证明她们长大了，她们不用为此而有不必要的心理压力，也不用对此感到自责。

以平等的方式与女孩进行对话，可以谈一谈自己类似的经历，回应她们的感受。有时候，她们需要的是父母的支持和肯定，而不是意见，她们心中可能早就有了答案，当感受到父母的支持后，她们自己便有了解决的方案。

鼓励女孩与暗恋对象建立友谊

明确告知女孩，当下追求恋爱可能会产生现实的消极结果，比如成绩的下降、学校惩处等。

让女孩意识到，与喜欢的人匆忙地建立恋爱关系，可能获得的负面影响很多，而友谊则能够让她们拥有很多积极的收获。比如，友谊相对于恋爱可以让关系维持得更加持久，与对方的交往会更受别人的支持等。因此，要鼓励女孩与暗恋对象建立持久的友谊。

尊重女孩的隐私

如果发现女孩情绪反常，有了自己的小秘密，不要急于质问她，问她是不是恋爱了？或者责骂她不该影响学习，更不要私自拆看她的信件、日记，偷偷查询聊天记录等。

先平静下来，然后心平静气地和孩子聊聊。告诉女孩，喜欢一个人是一件甜蜜又痛苦的事，尤其是悄悄喜欢一个人，痛苦常常大于甜蜜，有时候很难保持理性。但是这份感情也是珍贵的，是独特的，爸爸、妈妈希望你能把它珍藏在心底，尽量减少它带来的困扰。如果你需要帮助，爸爸、妈妈永远是你最坚强的后盾。

3 分寸，教女孩与异性交往的正确方式

进入青春期后，女孩开始对异性产生兴趣，对异性更加关注。她们会有与喜欢的异性同学接触、了解、交往并成为朋友的愿望，这是正常的心理现象，也是一种美好情感的流露。

但是，如果女孩在和男孩相处中，把握不好分寸，比如，频繁地打闹、嬉戏、拉拉扯扯。这在低年级时，别人不会多想，但是到了中学阶段，就不太妥当，可能会引起同学与老师的误解。

初二的小敏和小俊关系比较好，他们每天都会一起结伴上下学，也经常在一块儿玩。时间久了，周围同学逐渐传出了他们两个在恋爱的消息。小敏的朋友问她："你是不是真的和他谈恋爱了？"她非常坦然地回答："当然没有了，他是我哥们儿。"

有些女孩与异性相处时大大咧咧，无所顾忌，经常和对方勾肩搭背、打打闹闹，缺乏分寸感。而有些女孩则完全相反，她们面对异性，通常会表现得害羞、拘谨，由于不知道如何把握相处的分寸，于是干脆排斥与男孩交往。过于亲近和过于回避都不是女孩与异性之间的正确相处方式。

女孩进入青春期之后，对异性的关注增加，她们和异性交往的方

式也在逐渐变化。据专家研究，青春期女孩与异性交往的普遍发展特点分为四个阶段，每个女孩都有自己的特殊性，可能略有差异。

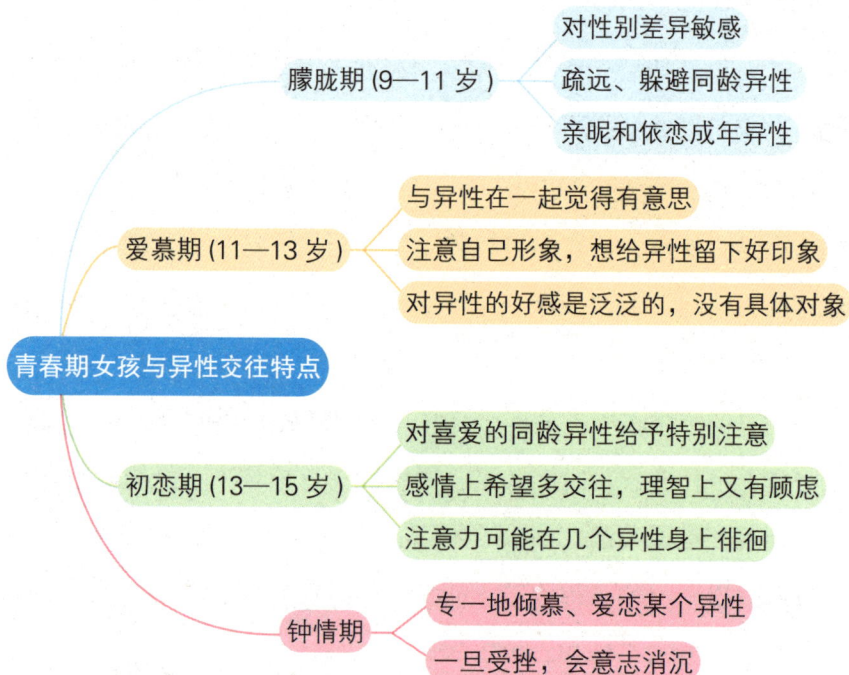

朦胧期（9—11岁）
- 对性别差异敏感
- 疏远、躲避同龄异性
- 亲昵和依恋成年异性

爱慕期（11—13岁）
- 与异性在一起觉得有意思
- 注意自己形象，想给异性留下好印象
- 对异性的好感是泛泛的，没有具体对象

青春期女孩与异性交往特点

初恋期（13—15岁）
- 对喜爱的同龄异性给予特别注意
- 感情上希望多交往，理智上又有顾虑
- 注意力可能在几个异性身上徘徊

钟情期
- 专一地倾慕、爱恋某个异性
- 一旦受挫，会意志消沉

正常的异性交往应该遵循"自然"、"适度"的原则。自然原则，就是不刻意，像对待同性同学那样对待异性同学。适度原则，是指与异性交往的程度、频率和方式要恰到好处，不要引起误解与议论。

异性交往的分寸包括：

①言语分寸

注意聊天的方式和语言。尽量避免使用过于亲密或暧昧的言辞，做到清晰明了，不引起歧义。

注重聊天的频率和时长。频繁而长时间的聊天可能会被误解为双方的关系不一般。

如果发现对方对聊天的话题或行为感到不满或不舒服，要主动沟通和解释，避免问题的进一步扩大，让交往持续地进行下去。

②肢体分寸

异性交往要避免在相处时动手动脚，以及在肢体上较亲密的接触，比如，拥抱、牵手、搂肩搭背等。

在心理学上，0.46米—1.22米，属于人际交往中稍有分寸感的安全距离，彼此肢体接触不多，朋友与熟人都属于这一距离。而小于这个范围，就属于亲密无间的关系了，比如，伴侣和家人。

对于青春期的女孩来说，与异性同学之间的交往是生活中不可避免的事情。保持适当的安全距离是一种礼貌，也是一种尊重。从个体社会化的角度来看，异性交往在促进孩子完成社会化进程、实现个性健全发展方面具有重要的作用。

心理学的有关研究表明，正常的异性交往能促进女孩心理的健康发展。有心理学家调查研究发现，在青春期交友广泛的孩子，心理健康水平更高，更容易形成积极乐观、开朗豁达的性格。

异性之间的正常交往还具有激励作用，有利于学习进步。因为男孩和女孩除了在生理方面有明显差别外，在思维方式、认知能力等方面也存在着明显差异。这种性别差异，在与异性交往中可以形成一种互补效应，让彼此可以互相学习，取长补短。

另外，有一种心理现象叫"异性效应"，即有两性共同参加的活动，可以提高学习、工作的效率。这种现象在青春期表现得尤为明显，据对青年学生的调查，有80%的人同异性一起学习时有一种难以言传的愉悦感。这是因为当有异性参加活动时，希望与异性接近的心理需求得到了满足，激发起了他们内在的积极性和创造力。

正常的异性交往对女孩的健康成长是有益处的。那么，父母该如何教女孩正确与异性交往呢？

提醒女孩注意言语的礼貌

与异性交往时注意言语的分寸，这样既是对对方的尊重，也是对自己的尊重。

比如，不管是在说正事，还是在开玩笑，都不要肆无忌惮地大喊大叫、吵吵闹闹，与男生之间的交流也尽量使用文明的语言，这样既不会引起对方的反感，也不会招来别人的误解。

提醒女孩注意交往的场所和方式

异性交往应该以在集体活动中交往为主要方式。因为集体活动的场所、气氛和方式更容易消除男女生交往中的羞怯感。集体交往的形式丰富多彩，比如：唱歌、游戏、竞赛等。

单独与男孩交往时，要注意时间、地点、场合的选择，尽量选在公共场合。

坦诚地与女孩讨论异性交往的话题

我们可以开诚布公地与女孩讨论，与异性交往有关的问题，不用有什么禁忌。比如，与女孩共同讨论媒体报道的案例或某些电视剧的情节，发表各自的看法，必要时还可以查阅书刊或请教专家。

让女孩在潜移默化中了解到，男女之间是有真正的友谊的，与异性交往不用心存顾虑，正大光明、心中坦荡即可。

4 转化，告诉女孩好的恋爱是共同成长

青春期男女情窦初开，互生情愫是身心发育正常的结果，不可避免。其实青春期男女生之间的相互喜欢绝大多数不能称为"早恋"，他们只是相互吸引而以。

很多父母格外担心"早恋"会耽误女孩的学习成绩。事实上，有时候恋爱的动力是能够转化为学习的动力的。比如，女孩的物理成绩不好，而她喜欢的男同学物理成绩很好时，她就会通过提高自己的学习成绩来吸引对方。对异性的喜欢成为了她成长进步的动力。

> 我把物理学好，才能配得上他的优秀。

其实，女孩在青春期时说的"喜欢"，可能并不是我们以为的爱情，很大程度上是一种对异性的仰慕。因为，此时的她们对感情懵懂无知，还不能很好地分辨是好感、喜欢还是爱情。这从孩子青春期感情的特点就能看出来。

朦胧感
- 对早恋发展的结局并不明确
- 仅仅是渴望与异性接触
- 对其中的责任缺乏明确认识

不稳定性
- 情感需求随时会改变
- 恋爱态度随时会改变

青春期感情的特点

冲动性
- 因为外貌产生喜欢
- 因为别人起哄而恋爱

浪漫性
- 幻想爱情的美好

单纯性
- 相信真爱可以战胜一切
- 不了解爱情的阴暗面

"种子"特性
- 日后爱情的萌芽和基础

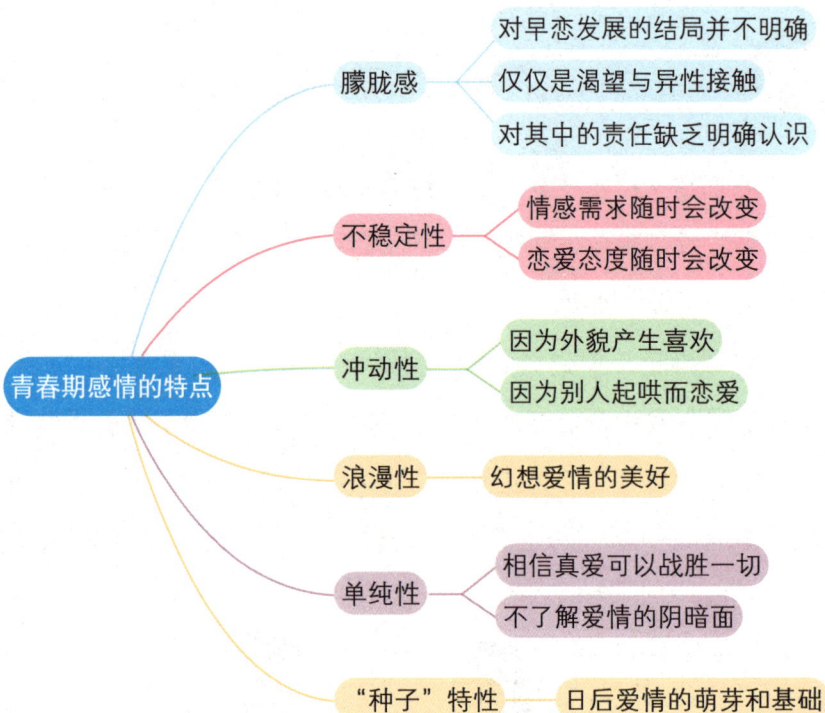

青春期的女孩三观尚未成形，处于快速变化的阶段，她们可以很快喜欢一个人，但也可以很快讨厌一个人。此时她们的"爱情"代表的是一种青春期的美好和纯真，这种爱情对女孩而言，更多的是一种情感体验和成长历程。

北京大学精神卫生研究所的唐登华教授曾指出，与其压制孩子潜在的恋爱欲望，不如让他们适度交往，避免因压抑需求而导致问题更为复杂。

关于女孩的恋爱问题，有一个错误认知需要纠正，即女孩的学业成绩的好坏和是否谈恋爱之间并不存在因果关系，恋爱并不一定会让她们荒废学业。

心理学家曾说：只要父母的引导正确，态度开明，恋爱本身并不会构成问题。反倒是严厉杜绝"早恋"的态度，会对孩子构成巨大压力，孩子不得不花很多精力应对父母，学习难免不受影响。

当女孩知道，青春期的恋爱也可能有好的结果并且获得支持时，她们反而会希望自己能够吸引到对方的注意，或者"配得上"对方，而更加努力地提升自己。

那么，父母该如何告诉女孩，好的"恋爱"是共同成长呢？

表达认可，营造轻松的聊天氛围

如果女孩的感情得到认可和肯定，就不容易产生逆反心。获得认可能够让女孩感受到支持和爱，良好的谈话氛围能让本来心怀忐忑、担心被责备的女儿卸下心防。而聊天氛围轻松，也有助于女孩聆听和接受父母的建议。

一位妈妈发现上初二的女儿一回家就往自己的房间里钻，不再和她聊学校的事情了，还注意起了穿衣打扮。她隐约意识到，女儿可能是恋爱了。

她没有马上发作，而是在一次和女儿外出逛街时，聊起自己上初中时被表白的趣事，以及自己喜欢什么样的男生。感慨地说："那时候的喜欢真单纯，仅仅因为对方身上的一个优点，就能喜欢他整个人。"然后，她又夸女儿多么优秀，也一定有男生喜欢。女儿告诉她，自己收到了一封情书，并和她聊起了那个男孩……

引导女孩思考如何让自己更有吸引力

每个青春期的女孩都希望自己变得更好，在异性眼中更具吸引力。

如果在与女孩聊天时抛出这个话题，很容易便能引发她们的兴趣。通过这个话题，让女孩自己思考：到底是什么特质让她成功吸引了异性？要想持续地保持这种特质，又需要为此付出什么样的努力？借此激励女孩努力成为更优秀的自己。

给女孩分享恋爱的经验或故事

成功引发女孩对于提升自我的思考之后，父母可以以一个过来人的身份，给女孩分享自己或身边人，青春期恋爱成功或失败的经验。或者和女孩一起观看，相关主题的影视剧等。

让女孩了解到：青春期的恋爱是否有结果取决于多种因素，比如，双方的三观、目标是否一致，以及是否愿意在困难面前共同努力等，共同成长是青春期恋爱所能收获的最好结果。

5 远见，引导女孩去未来找更优秀的男生

女孩会被优秀的男孩吸引并渴望恋爱，是青春期正常的心理表现。

"早恋会影响学习"这一观念似乎深入人心，不光很多父母这么认为，就哪怕是正在经历早恋的女孩也认同这样的观点，只是她们不能自控而已。除此之外，女生往往忽略了早恋可能造成的其他后果。

初二的小慧偷偷和一个男孩谈起恋爱，被妈妈发现后，妈妈问她："你知道早恋的最大坏处是什么吗？"小慧低着头说："影响学习。"妈妈却否定了这个答案，说："是你可能错过了更优秀的选择。"

"为什么？"小慧不解地问。"打个比方吧，如果初中是一个"池塘"，那么高中就是"湖"，大学就是"海"。你在池塘里最多能遇到几条小草鱼、小鲤鱼，但你在大海里会遇到更多的鱼，石斑鱼、鳕鱼、梭鱼、鹦鹉鱼、蝴蝶鱼，还有海马、海龟、海豚、大白鲨等，太多了。"

妈妈问小慧，是想在池塘里寻找一条小鱼，还是去大海里见识更大的世界？小慧毫不犹豫地说："当然是去大海。"

其实，青春期的女孩在开始一段恋爱之前，可能就已经知道这是一段"不合时宜"的恋爱了。这样的情感关系得不到社会、家庭和学校的认可，所以她们内心有很大的压力和矛盾。

只不过，有些青春期的女孩看待恋爱太简单了，她们会认为：

①对男孩有着懵懂的感情就是爱。

②发发短信，打打电话，送送东西就是恋爱。

③单方面的付出就是正确的表达。

④与异性之间没有纯粹的友谊。

⑤爱情是生活的全部意义。

青春期的恋爱，走到最后的概率很低，最终会"后悔"的可能性很大，这主要有以下几个原因。

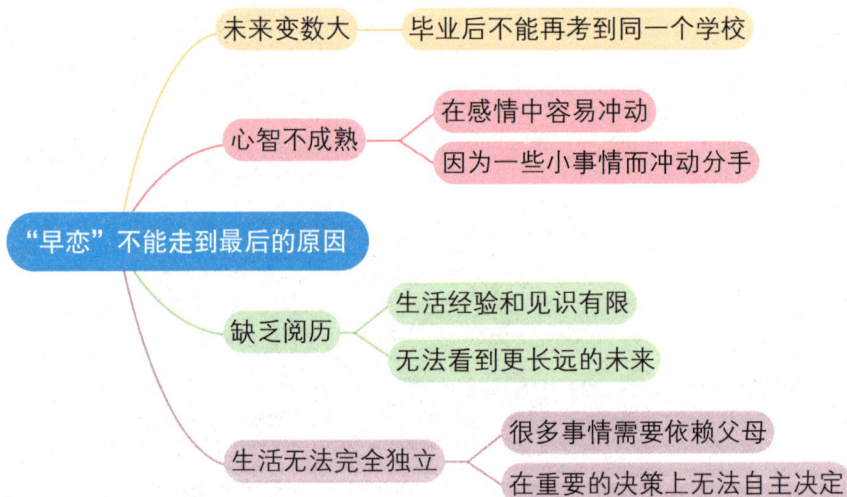

未来变数大	毕业后不能再考到同一个学校	
心智不成熟	在感情中容易冲动	
	因为一些小事情而冲动分手	
"早恋"不能走到最后的原因		
缺乏阅历	生活经验和见识有限	
	无法看到更长远的未来	
生活无法完全独立	很多事情需要依赖父母	
	在重要的决策上无法自主决定	

早恋，往往是不成熟的。因为阅历有限，青春期的孩子完全不具备承诺未来的能力。他们除了经济上还不能独立外，思想也正处

在不成熟的阶段。随着时间的推移，他们可能会在未来遇到更优秀的人，见识更广阔的世界，这可能导致他们对"最好"的定义有全新认识。

在情窦初开的年龄，女孩对于爱情还比较懵懂，但在现实中每个女孩多少都会有一个爱慕的男孩。

这个男孩与别的男孩相比，也许是那种文质彬彬，高大帅气的；也许是有些痞气，桀骜不驯的；又或许是阳光开朗，笑容可掬的……总之，是对方的身上具有的某些特质，引得女孩倾慕。

有心理学家说："当孩子谈恋爱的时候，传达的信息就是，父母应该给孩子进行两性教育了。"

与其让女孩通过脱离现实的影视作品去探索和了解爱情，不如我们在适当的时候与女孩谈谈心，谈谈关于恋爱、爱情和未来，以便引导她们形成正确的恋爱观。

那么，我们该如何引导女孩着眼未来去寻找更优秀的人呢？

和女孩谈谈爱情

正如知识需要学习一样，良好的亲密关系也需要从小培养。

小菲的父母是比较开明的父母，他们明白女儿越早了解爱情与婚姻，将来越不会盲目。所以，一有机会就跟女儿谈谈爱情和婚姻方面的话题。从小菲五六年级开始，父母就跟她谈论身边人的爱情和婚姻，有成功的也有失败的。分析拥有什么样的感情，两个人才可以白头偕老。

小菲初三时，她从爸爸妈妈的日常生活入手，写了一篇作文，其中写道："原以为只要有'争论'，就是不纯粹的爱，后来才懂得其实'争论'背后饱含着对彼此的关心和爱。爱是责任、长久、忠诚。"

没事我来做，你去工作吧。

你今天不舒服，我来做饭，等会我洗碗，你去休息。

这就是爱情的模样吧。

和女孩谈谈未来

当得知女孩恋爱时，我们可以多与女孩聊聊对方和这段感情的未来，比如，询问一下女孩：对方是什么吸引了你？你又准备与对方拥有一个怎样的未来？

并告诉女孩："你现在才读初中，以后还要上高中、大学。将来你会遇到更多值得欣赏的男孩。等你足够成熟了，才有能力判断是否能和一个人长久在一起。"

女孩大多都有慕强心理，容易对比自己更优秀的男孩倾心。有了想要追求的目标，她们也就有了努力的动力。

鼓励女孩出去认识更多的朋友

鼓励女孩积极参加各种有益的活动，拓宽社交圈子，如参加文化活动、公益活动、社区服务等。这样可以增长女孩的阅历，让她们拥有更多的社交经验，如此，她们能够更加自信和成熟地面对感情问题。同时也能让她们结交更多志同道合的朋友，共同成长进步。

第七章

友谊的小船，帮女孩结交温暖治愈系朋友

1 分辨，远离危险的"毒友谊"

还记得 2016 年的江歌案吗？江歌竭尽所能地帮助闺蜜刘鑫，给她住处，帮助她摆脱前男友陈世峰的纠缠。然而换来的却是危难时刻刘鑫反锁了门，任由陈世峰的刀戳向了江歌。

很多时候，极度危险的人，也许不是陌生人，而是与之朝夕相处的，所谓的"闺蜜"。

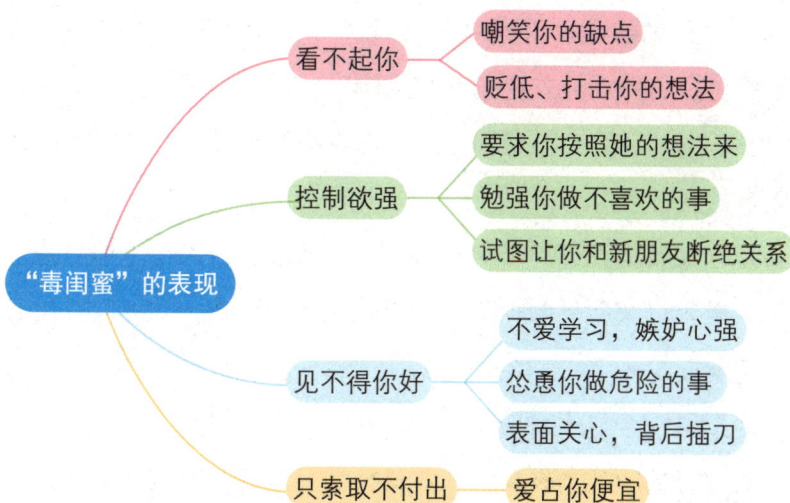

"毒闺蜜"的表现

- 看不起你
  - 嘲笑你的缺点
  - 贬低、打击你的想法
- 控制欲强
  - 要求你按照她的想法来
  - 勉强你做不喜欢的事
  - 试图让你和新朋友断绝关系
- 见不得你好
  - 不爱学习，嫉妒心强
  - 怂恿你做危险的事
  - 表面关心，背后插刀
- 只索取不付出
  - 爱占你便宜

教育专家总结出了"毒友谊"的一些典型特征。

①孩子经常因为这段友谊不开心甚至哭泣

②孩子的自信心下降，精神萎靡不振

③孩子因为这段友谊产生了厌恶自己的想法

在"毒友谊"里，孩子获得的痛苦、纠结、打击远远大于快乐。更可怕的是，毒闺蜜还会给女孩带来很深的负面影响，甚至会让女孩误入歧途。

小苒初三时转学了，到了新环境后，她想要交新的朋友。很不幸她交到的几个朋友，可以说都是"损友"，是那些经常上课看小说、睡觉的"坏孩子"。本来小苒的学习成绩很好，在这

要不我也睡会儿吧！

些朋友的影响下，她对学习也越来越懈怠，成绩直线下降。

同伴交往的影响就像是铁链一样，一处生了锈，最终会蔓延到整个铁链。这种在成长中的互相影响，在心理学中称为"链状效应"，也叫"趋同效应"。趋同效应的内在机制，其实是孩子对同伴行为表现的观察模仿。

心理学家曾提到过一个社会学理论，即社会行为是个体对身边的同伴、老师以及父母的社会行为进行观察、模仿、学习，且通过直接或者间接的强化产生的某种习惯。

青春期是一个寻求身份认同的时期，同龄人之间的互动越来越频繁，对父母的顺从越来越少。女孩会将更多的时间花在与同伴相

处上，她们有更多的机会模仿和学习同伴的行为，其中包括同伴的不良行为。

而儿童心理学家鲁道夫曾说："同伴友谊对孩子的影响力确实很大，到一定年龄后，甚至将渐渐超出父母对孩子的影响力。"

这个阶段就是青春期，这时也是女孩最容易受到同伴压力影响的时期。所谓"同伴压力"，就是指"因为渴望被同伴接纳、认可、肯定，为了避免被排挤，于是选择违背自己的意愿所产生的心理压力"。

这种压力隐形于青春期女孩的生活之中，它最明显的一个表现就是——和同伴趋同。

比如，一个平时朴素的女孩，可能会为了跟同学们有共同语言，也学着摆弄自己本不感兴趣的化妆品。她们害怕被小团体孤立，而不敢跟大家意见相左，甚至为了合群，而附和众人嘲笑欺凌班级里的同学。

在同伴压力的负面影响下，女孩的自我价值感开始变低，这种无形的压迫感，会让她们不由自主地做出一些配合和反应。很多女孩正是在这种无意识的状态下，一步步被"带坏"的。

近朱者赤，近墨者黑，这就是同伴和环境对女孩的影响。父母需要做的，是面对"青春期交友"这个问题，提前给予女孩正面积极的引导。

那么，父母该如何帮助女孩分辨并远离"毒闺蜜"呢？

教女孩学会拒绝

女孩由于受到同伴压力，为了合群，往往会被迫做出一些违背自己意愿的事情。父母要教女孩学会拒绝，让她们学会表达自己的感受，勇敢地拒绝令自己为难的无理和错误的要求，和不良行为划清界限。

我们可以告诉女孩："说'不'本来就不需要理由，而且我们有权利拒绝别人。"

（对话气泡）我怕疼，就不打了。

（对话气泡）你看，我们之中就你没打耳洞了。

引导女孩自我觉察"毒闺蜜"

任何事情的改变，都是从自我察觉开始的。父母不妨通过聊天的方式引导女孩自己察觉朋友的问题。

如果发现女孩的朋友不爱学习，可以委婉地问："妈妈在群里看到，和你一起玩的那个同学，经常被催物理作业。我很好奇，她物理成绩怎么样啊？"

在聊天中，只需客观地描述事实，而不是直接给对方"贴标签"，比如，和孩子说"别跟不交作业的孩子玩"。

通过罗列事实，来帮孩子梳理思路，让孩子自己得出结论，判断这段友谊是否该继续下去。这样做的目的，不是让女孩承认她交到了坏朋友，而是要让女孩对这段关系进行深思熟虑的分析与思考。

建立女孩对学习的认同感

帮助女孩设定目标，并与她们一起制定可行的学习计划，或者尝试找到符合她们兴趣的书籍，并在学习中引导她们探索自己感兴趣的领域。激发她们的学习动力，让她们明确自己努力的目标，比如，未来要考的高中、大学、专业等。

学习兴趣和目标的存在，可以建立女孩在学习中的认同感，使她们在学习中的效率提升，同时激发她们的学习热情。

2 拒绝，真友谊不需要女孩"讨好"

女孩进入青春期后，自主意识增强，交友的欲望强烈，这个阶段的女孩，她们受朋友的影响要比老师和家长更大。然而并不是所有的友谊对她们都有益，可能还会带来负面和消极的影响，甚至影响她们的学习成绩和危害他们的身心健康。

小善把叶子当作最好的朋友，她经常主动给叶子做值日、编手链、送小礼物等。可是小善越小心翼翼地讨好，叶子越把她的付出当作理所当然，还时常戏弄她。这让小善非常沮丧和伤心，甚至经常想是不是自己做的还不够好，才让叶子不满意。

如果一段友谊是需要一方尽力讨好才能维持下去，那这段友谊就是不对等的。而处于"讨好"位置的女孩，她们可能常常会在正常的社交活动中处于劣势。

青春期女孩喜欢讨好别人的原因可能有很多种。

```
                                        ┌─── 缺乏自信
                      内心渴望被认可 ───┤
                                        └─── 获得认可以满足自尊心

               依赖性人格 ───── 依赖别人的支持来获得自我价值感

女孩讨好别人的原因
                                        ┌─── 无法清晰地认识自己的需求和价值
                      缺乏自我意识 ───┤
                                        └─── 倾向于迎合他人的期望和需求

               社交焦虑 ───── 以此减少言行引发他人不满的风险
```

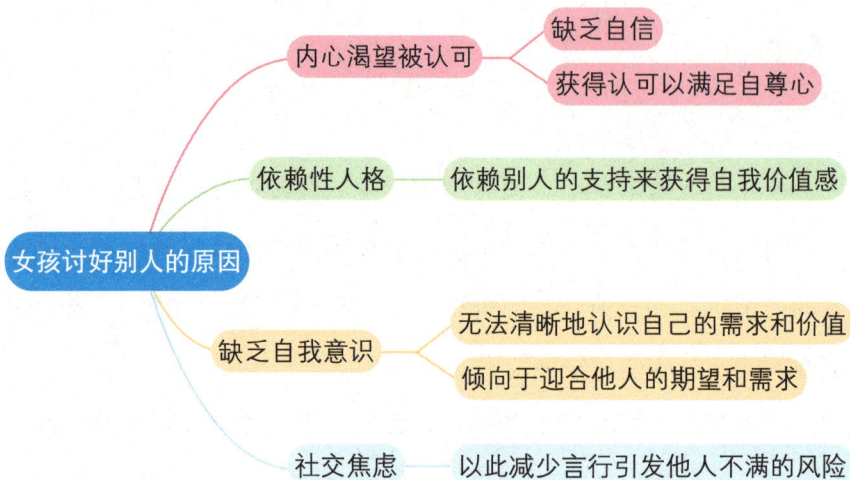

　　无论原因是什么，女孩总是讨好别人来获取认可，这可能会压抑自己的需求和丧失自己的价值观。导致没有主见，常依赖他人，甚至形成讨好型人格。

　　讨好型人格指的是一个人过度在意他人的认可，以至于放弃了自己的尊严，为了取悦他人而不断迎合。

　　讨好型人格可能在短期内会给女孩带来心理上的短暂满足，但长期下来，它会对女孩的心理和情感产生深远的负面影响。

　　①自我否定

　　对自己的价值产生怀疑，进而出现自我否定的情绪。

　　②焦虑和压力

　　担心自己的表现是否足够好，并经常为此感到紧张。

　　③回避冲突

　　倾向于回避冲突，害怕表达自己的意见，这可能导致他们无法有效地解决问题。

　　"讨好型人格"的女孩，模糊了个人的边界，不会说"不"，总是在交往中迁就别人，她们从来不会拒绝。

一旦她们将迁就别人当成了一种习惯，那么，长此以往，女孩可能就不会再受到别人的重视和尊重，内心会极度自卑。

其实，"讨好型人格"的形成根源，就是自我价值感偏低。因为内心脆弱而自卑，习惯于看轻自己。所以，才总是被动接受无法活出自我，获得快乐。

因此，女孩想要摆脱"讨好型人格"，最重要的是建立自我价值感，建立自信和自尊。保持独立思考，只有这样，才能让女孩拥有自己的主见和态度，并与他人建立更健康、稳定的人际关系。

那么，我们该如何引导女孩学会拒绝，不在友谊中"讨好"呢？

直接拒绝

当别人提出一项请求时，女孩不用马上答应，可以先跟对方说自己考虑一下。这时，女孩需要思考：这件事是我发自内心想做的吗？我做这件事开心吗？我是否有时间做这件事？这件事应该我来做吗？

如果这件事她本不该做或者不愿意做，女孩可以直言拒绝，比如说："对不起，这不是我应该做的事情""你没有权利指使我做这些事"等。

委婉拒绝

最好是委婉一点表达拒绝，这可以给对方留足面子，不影响友谊。比如，可以用"接受协商法"。

如果有人需要女孩帮忙，尤其是她非常要好的朋友，她可以先试着答应下来，然后说出自己的真实情况。比如，讲述自己晚上已经有了活动，如果要帮忙需要推迟到其他时间，问对方是否还可以。

这时对方往往会觉得虽然无法达成目的，但女孩已尽心了，会更加理解女孩。这样既不会违背女孩的主观意愿，又避免了矛盾冲突，维系了孩子之间的友谊。

你能不能给我的偶像画一幅素描像。

我周末没时间，课太多了。要不等放暑假，你看可以吗？

客观提意见

我们可以引导女孩在对别人的评价中，客观地提出自己的想法，而非一味地讨好赞美。如果女孩担心自己提出的见解会令别人不高兴，不妨试一试"三明治评价法"。

也就是说，在表述开始和结尾，要包含轻松的，让对方容易接受的内容，把那些比较为难的话放到中间去，这就是三明治评价法的原理。

比如，女孩的同学打算把她的画拿去参加比赛，于是来询问女孩的意见，女孩可以这么说："这张画很好看，也很有创意，但是构图还是有些问题，色调也有些不统一。但整体来看还是非常协调，如果稍加修改再拿去参加比赛，肯定能获得不错的名次。"

这样既提出了自己的意见，也不会让别人感到不悦。

3 选择，真正的好朋友就像小太阳

青春期的女孩，非常敏感和脆弱，内心常常会感到困惑与不安，如果能从朋友那里得到尊重和理解，女孩将获得力量与支撑，心灵会被温暖治愈。

在电影《青春变形记》里，生活在多伦多的 13 岁华裔女孩，有一天发现自己每当情绪失控或者压力太大时，就会突然变成一只红色小熊猫。当朋友们发现这个秘密时，非但没有一丝嫌弃，反而给了她各种安慰："哇，你太酷了，你好蓬松，浑身毛茸茸的。"

三个好朋友一起抱住惊慌失措的她，温柔地说："无论发生什么事，无论你是不是熊猫。我们都爱你，你是我们最亲爱的朋友。"

无论发生什么，你都是我们最好的朋友。

对于青春期的女孩来说，友谊，是她们在生活中面临各种困扰时，获得情感支持和心理支持的重要来源。

有研究发现，在面对考试失败时，朋友的支持尤为重要。在糟糕的事情发生后，独自一人或与父母在一起相比，与同龄的朋友在一起，更能治愈女孩。

在关于青春期友谊的研究中，有研究者认为，朋友对青春期的孩子来说有很多"功能"。

陪伴 —— 一起做事的人

一个可靠的同盟 —— 站在自己这边的人

帮助 —— 需要时提供帮助

青春期朋友的功能

亲密 —— 可以分享快乐与悲伤的人

自我肯定 —— 确认自己是一个值得交往的朋友

确认自己是一个被他人喜欢的人

情感护卫 —— 感到脆弱时，有人为自己打气

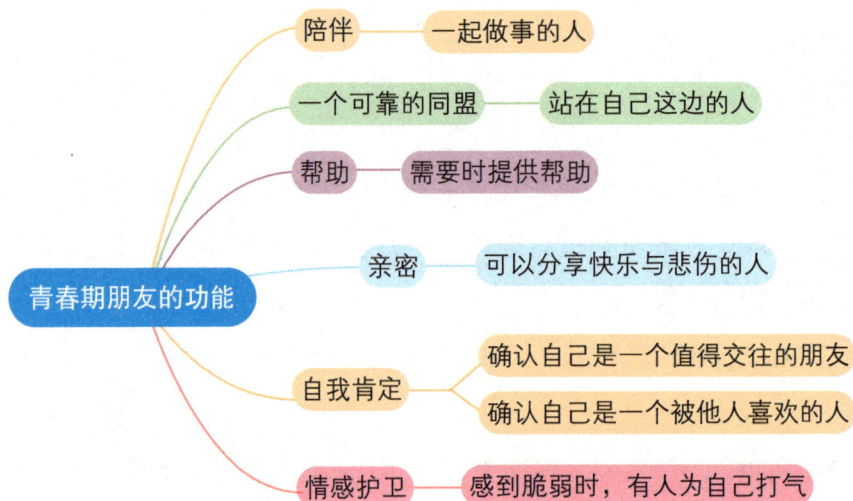

相对于青春期的男孩，友谊对女孩的治愈力更加明显。因为女孩比男孩会期望得到更多的同伴支持和鼓励，帮她们摆脱坏心情，或者让她们忘记烦恼。

一个 15 岁的女孩说："当你和好朋友在一起，你会感觉到安全。她们不会在乎你的长相，不会在你出丑的时候嘲笑你，不会在你有困难的时候冷眼旁观，也不会在你优秀的时候嫉妒你。"对青春期的女孩来说，真正的好朋友就是那个能互相提供情绪价值，给彼此内心养分的人。

从心理学的角度来看，情绪价值指的是一个人影响他人情绪的能力。一个人越能给他人带来舒服和稳定的情绪，他的情绪价值就越高；反之，如果一个人总让他人产生别扭、气愤和难堪的情绪，他的情绪价值就越低。

朋友交往，本质上是"能量"的流动互换。情绪价值高的朋友，就像小太阳，热情洋溢温暖人心，带给女孩力量。

和朋友在一起，为青春期的孩子提供了一个开放、支持和有益的空间，但女孩和男孩从中获取能量的方式有所不同。比如，男孩

们经常在体育活动中进行互动，而女孩的互动方式则更加依赖于语言的沟通。

女孩在友谊中获得的情感支持的方式。

①接纳

女孩的各种情感、观点和感受，以及她们不同的情感表达方式，会在朋友这里被接纳。

②分享

女孩可以和朋友们一起分享生活中的快乐时光和悲伤时刻，也分享彼此的秘密，比如，喜欢哪个男生，讨厌哪个同学等，并以此来获得亲密感和支持感。

③倾听

女孩可以在朋友面前释放自己的情绪，获得朋友的安慰和支持，大大缓解她们的焦虑。

④保密

女孩与朋友分享的情感故事和隐私，会得到对方的保密，从而获得一种安全感。

⑤鼓励

当女孩遇到困难或烦恼时，朋友们会给予她们鼓励和关心，与她们产生情感共鸣。

朋友间一句温暖的言语、一个贴心的举动，都能给予对方理解和支持，朋友间在情绪价值的彼此滋润中情感更丰富，友谊则更牢固。

与高情绪价值的朋友交往，通常能让女孩感到被重视、被认可，从而提升自我价值感和幸福感，这也能让这段友情维持并逐步深入下去。

那么，父母该如何帮助女孩选择积极的朋友，从中获得情感支持呢？

少限定、多引导

进入青春期的女孩正处在认识自我、认识世界，学习社会行为规则和人际交往技巧的关键期。此时父母可以减少对女孩交友方面的限定，以增强女孩的判断能力和自我控制能力，让她们逐渐形成明确的行为标准。

父母可以在女孩提到自己的朋友时注意倾听，和她们一起聊聊如何交朋友，通过问答的方式引导她们思考。

比如，问一问女孩，"一个真正的朋友应该具有什么品质？""你的哪些朋友具有这些品质？"等问题。

提高女孩的情绪智力

情绪智力既包括对自己情绪的觉察和调节，也包括对别人情绪的回应。女孩如果能够敏锐地觉察他人的情绪状态，恰当地表达自己的情绪，并用委婉的方式疏导他人的负面情绪，以及对自己的情绪加以控制，她会在人际交往中更加顺利。

你是不是有什么不开心的事？！

鼓励女孩远离消耗自己的人

情绪是会传染的，父母要鼓励孩子远离那些看什么都不顺眼，常常吐槽老师、同学，背后说人坏话，一开口就是抱怨的人。这种情绪上的消耗非常可怕，会影响女孩的状态、观念甚至思维方式，即使无法完全隔绝，也要避免和这类人深交。

4 吸引，教女孩用优秀去吸引优秀

朋友，是女孩生活中不可缺少的重要财富之一。拥有一个好的朋友圈会让女孩更快乐、更成功。要寻找优秀的朋友，女孩首先要让自己变得优秀。

常言道"物以类聚，人以群分。"人和人的交往有着磁场效应，相同磁场的人，才能相互吸引；同等水平的人，才能聚在一起。

简而言之，你是一个怎样的人，就会吸引怎样的人。

小沐刚上初一时，邻座的女孩因为成绩好，很骄傲，和她并不热络。后来，小沐的作文被老师当成范文讲。邻座的女孩忽然转变了对她的态度，夸她文笔好，还向她请教写作文的技巧。小沐和她分享作文的构思，以及自己平时看的书。小沐也向她请教一些学习问题，她都会耐心解答。一来二去，两个人成了不错的朋友。

> 这篇作文拿到了我们这次考试的年级最高分，大家听完，有什么感受？

> 写得太好了！

有言："你生命里所发生的一切，都是你吸引来的"。人和人之间，存在一种吸引力法则，也称为"同类相吸"原则，指的是相似的事物或人互相吸引的现象。在人际关系中，这意味着我们会更容易和那些与我们频率相近、有着共同兴趣、价值观和目标的人建立联系。

它揭示了一个奇妙而不可思议的现象：人们的思想、情感和信念仿佛具有磁性般的力量，能吸引与之频率相近的事物和情境进入生活。

有研究者将运用吸引力法则提升人际关系的要素，总结如下。

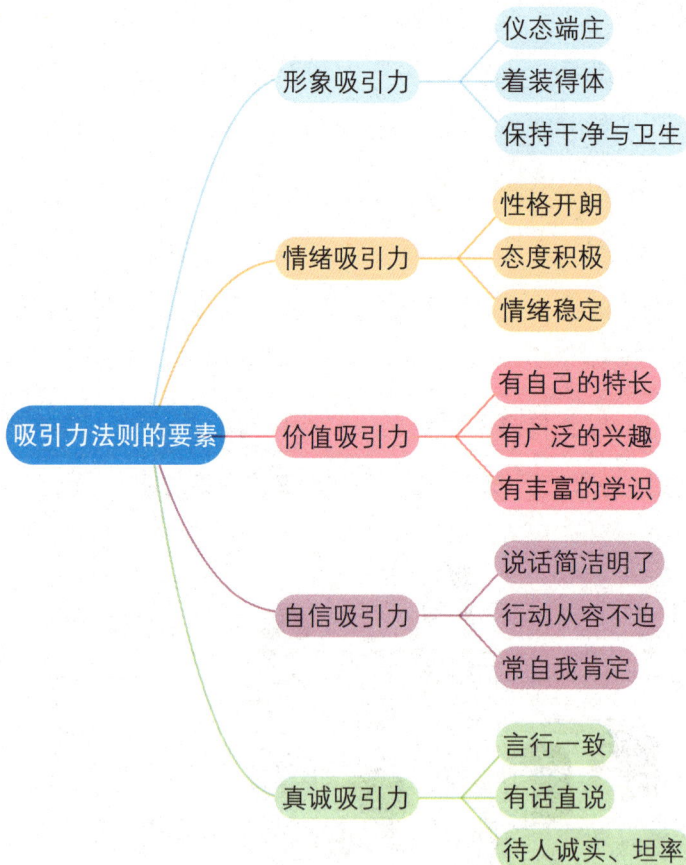

吸引力法则的要素
- 形象吸引力
  - 仪态端庄
  - 着装得体
  - 保持干净与卫生
- 情绪吸引力
  - 性格开朗
  - 态度积极
  - 情绪稳定
- 价值吸引力
  - 有自己的特长
  - 有广泛的兴趣
  - 有丰富的学识
- 自信吸引力
  - 说话简洁明了
  - 行动从容不迫
  - 常自我肯定
- 真诚吸引力
  - 言行一致
  - 有话直说
  - 待人诚实、坦率

物理学上有万有引力定律，即自然界中任何两个物体，都是存在相互吸引的。人与人之间，自然也不例外。

朗达·拜恩在《力量》一书中提道："每个人周围都有一个磁场

环绕，而这个磁场会吸引与之相似的人和事。"

"你是谁，就会遇见谁，你遇到的一切，都是因你的磁场而来。"这就是磁场定律。

人与人之间的磁场相似，可以是因为双方有相似的性格、爱好、三观等，使得他们在相处过程中感到无比舒适和契合。磁场也可以理解为一种无形的吸引力，它使得两个人在某种特定的情境下能够相互吸引，不需要过多的解释就能理解对方，从而形成深厚的情感联接。

作家张德芬曾说过这样一句话："你所遇见的一切人和事，都是由自己吸引而来，从自我内心塑造出来。"

那么，父母该如何引导女孩以优秀去吸引优秀的朋友呢？

引导女孩明确自己要成为什么样的人

女孩在交朋友前需要先想清楚自己要成为什么样的人，就是她自己想要走的路是什么。想清楚自己的路很重要，这样女孩就能吸引到同频次的朋友。

当女孩确立了自己的目标，路径有时自然而然就会显现出来，相应的朋友也会和她靠近。朋友实际上是一面镜子，折射出女孩内心的价值取向和品味。

鼓励女孩勇敢展现弱点

在现实生活中，有时候女孩会隐藏自己的缺点和弱点，以便让自己看起来更完美。但是，这种做法会阻碍女孩与他人建立真实的联系。英国著名的作家奥斯卡·王尔德曾说："当你试图让自己看起来比自己更好的时候，你只会让自己看起来更糟糕。"

鼓励女孩在与人交往时，勇敢展现自己的缺点和不足，保持真诚的态度，不隐藏自己的想法和感受，以建立真实的友谊。

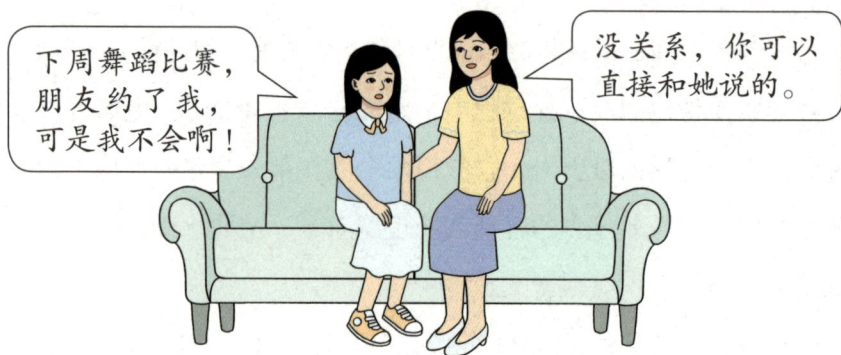

鼓励女孩制定个人成长计划

鼓励女孩设定明确的目标。比如，学习新技能、阅读特定书籍或参与社交活动等，以提升自己的魅力和吸引力。将共情能力和同理心的培养也纳入自己的成长计划中。

鼓励女孩主动社交

鼓励女孩参加各类社交活动或兴趣小组，增加结识新朋友的机会，并记录生活中的有趣瞬间或感悟，通过社交媒体或日记与他人分享。在与人交流和分享的过程中，注重自己的表达方式和形象塑造，以吸引更多人的关注和共鸣。同时，保持与老朋友的联系，巩固现有的人际关系网。

5 相处，闺蜜情深也要保持距离

拥有一个无话不谈的闺蜜，是青春期女孩的一大幸运。她们的友谊没有小学低年级的单纯幼稚，也没有成年之后的功利。因为合得来，她们无话不谈，不分彼此，但这种过度的亲密有时也会伤害友谊。

轻轻和小棠住在同一个小区，小学就关系要好，后来又一起升入初中并分在同一个班，更加形影不离。轻轻非常依赖小棠，做什么都要和她一起，就连去厕所，也要拉上她。用小棠的东西，就和用自己的一样。

有一次，轻轻忘记带修正带，就跑到小棠的座位直接翻开她的书包。从老师办公室回来的小棠看到这一幕，一把抓过自己的书包，生气地说："谁让你乱翻我书包的？"轻轻一时无言以对，眼里含着眼泪走了。小棠觉得好朋友变了，她们的关系出现了裂隙。

当女孩非常看重一份友谊，就容易对这段友谊产生依赖。比如，时刻与闺蜜黏在一起；发现闺蜜和其他朋友交往就会生气；对闺蜜的期望很高，如果自己心情不好，对方没有关注和安慰，就会伤心，怨恨对方……

这种在友谊中，对朋友的过度依赖，可以根据依赖需求的差别分为三种情况。

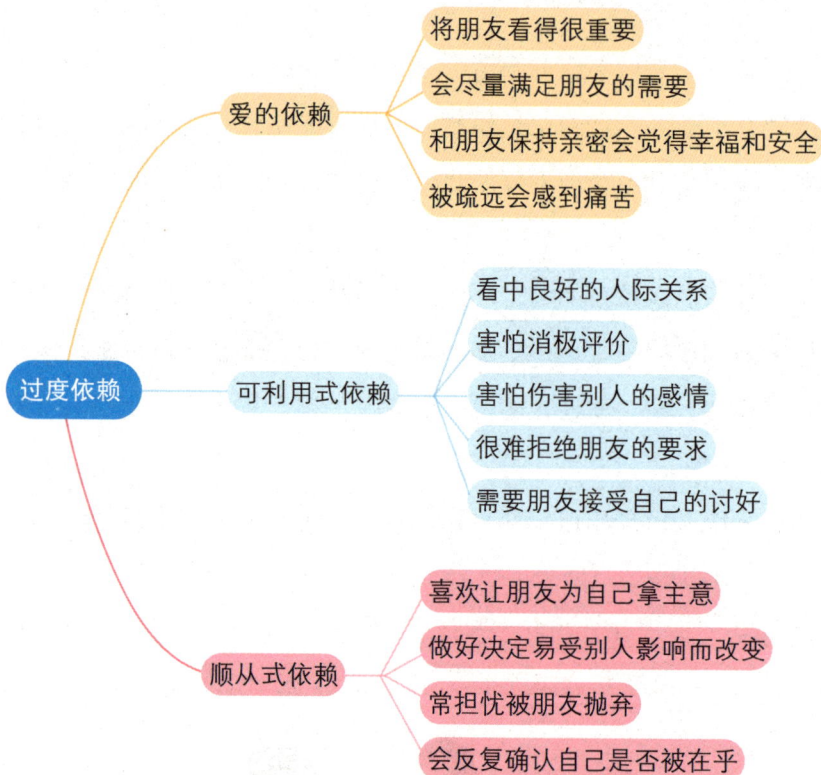

过度依赖

爱的依赖
- 将朋友看得很重要
- 会尽量满足朋友的需要
- 和朋友保持亲密会觉得幸福和安全
- 被疏远会感到痛苦

可利用式依赖
- 看中良好的人际关系
- 害怕消极评价
- 害怕伤害别人的感情
- 很难拒绝朋友的要求
- 需要朋友接受自己的讨好

顺从式依赖
- 喜欢让朋友为自己拿主意
- 做好决定易受别人影响而改变
- 常担忧被朋友抛弃
- 会反复确认自己是否被在乎

过度依赖的友情，会让人感到很累。因为过度依赖的人常常显得无助，非常需要别人的关注和呵护。他们会夸大自己的脆弱，时常因为一些生活中的小事就陷入低落的情绪。

实际上，他们是想以这样的表现来获取朋友独一无二的关注，或者试探朋友的态度是否还和之前一样亲近。

一旦感受到这段友情不如自己期望的那样坚固，他们甚至可能会做出一系列的过激行为，其实只是期待对方能够挽留自己、更关心自己，并以此确认对方还在乎自己。

但是，在这样的友谊中，被过度依赖的一方很可能会因为长期处于照顾者的位置，而产生厌倦心理，在情感上有所退缩，或以冷漠的态度面对，甚至提出绝交。

心理学研究表明，每个人都有拥有自己个人空间的需求，适度的人际交往距离可以让人感到舒适和安全，而距离过大或过小，都可能导致心理上的不适和紧张。

在心理学领域中有一个概念，叫"刺猬法则"，说的是一个十分有趣的现象：在冬季，两只刺猬因为冷而抱在了一起，但是它们身上长满了刺，紧挨在一起就会刺痛对方，远离又实在冷的难以忍受。于是，它们折腾了好几次，最后终于找到了一个合适的距离，既能相互取暖又不会被伤害。

这就是在人际交往过程中的"心理距离效应"。过于接近可能带来伤害，而过于疏远则可能导致孤立无援。在与闺蜜的相处中亦是如此，无论两个人的关系多么要好，都不要过于亲密，否则，就是双方友情出现危机的开始。因此，对朋友保有适度的依赖是维护良好关系的关键。

有心理学家认为"适度依赖"是指：融合了亲密感和自主性，在依靠他人的同时，仍保有强大的自我意识。但同时，适度依赖的人在需要时，也会很愿意请求别人的帮助，而不会因为求助觉得自责。

适度依赖的友情有两个特点。

①和朋友之间有着清晰的界限

两个人关系虽然很好，但也有着清晰的个人边界。在一些去哪里玩，去哪里吃饭的问题上，双方都能坦诚地表达出自己的需求，也可以适时地拒绝自己不喜欢的提议。

②和朋友之间是平等的

两个人之间的关系是平等的，会轮流地在不同的时刻照顾对方、依赖对方。

那么，父母该如何引导女孩学会维系关系，让友谊变得长久呢？

尊重原则

要让女孩明白，真正的友谊是建立在互相尊重、理解和支持的基础上的。在友谊中，女孩需要学会尊重对方的隐私、个人空间、意见和感受等。

比如，在涉及他人隐私的事情上，谨慎地提问，并尊重他人的选择。

不强求原则

即便闺蜜之间感情好到无话不谈，可是每个人都可能有不想说的事情。因此，当一方不想说的时候，另一方也不要一直追问。另外，也不要凡事都强求对方陪你。当对方不想去，或者有事去不了，要表示理解和包容。

> 谢谢，看你说的，我怎么会生你气？我知道你有事。

> 提前祝你生日快乐！这个周末你生日，我去不了，你不会生气吧？

不过度干涉原则

每个人对事物都有自己的看法和自己的处事方式。有时候，闺蜜与自己说一些事情，只是想要得到朋友的认可与帮助。因此这时最好是进行坦诚沟通，分析清楚问题而不过度干涉对方的决策，本着在不涉及原则的情况下，求同存异，并无条件地支持对方。

第八章

聊聊性，帮女孩了解身体守住底线

1 发育，和女孩聊聊奇妙的身体变化

青春期是身体发育和生理变化的重要阶段，特别是对于女孩来说，经历了许多特殊的生理变化。只有了解了这些变化，女孩在青春期才不会惊慌失措，并且能理性应对。

女孩在青春期会经历第一性征的发育和第二性征的出现。性征是指，区别男女性别的生理特征，可分为第一性征和第二性征。第一性征指的是，男女两性在生殖器官结构上的差异；第二性征是指，男女两性在青春期开始出现的，除生殖器官以外的一系列与性别有关的特征，又称为副性征。

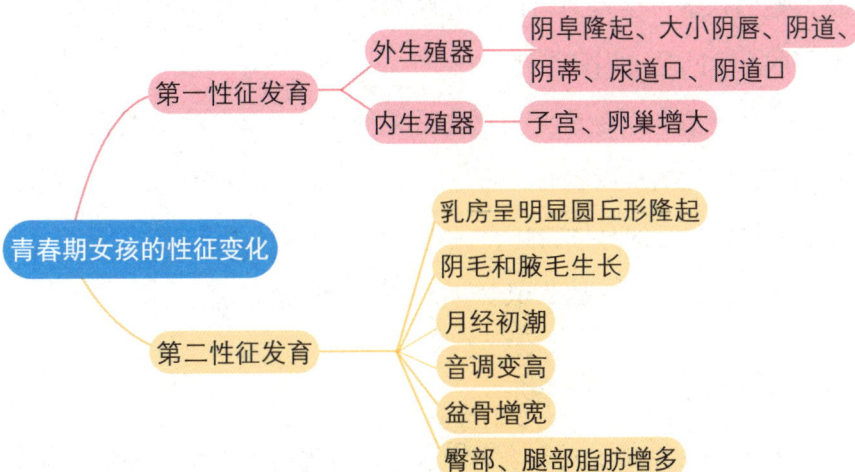

青春期女孩的性征变化

第一性征发育
- 外生殖器：阴阜隆起、大小阴唇、阴道、阴蒂、尿道口、阴道口
- 内生殖器：子宫、卵巢增大

第二性征发育
- 乳房呈明显圆丘形隆起
- 阴毛和腋毛生长
- 月经初潮
- 音调变高
- 盆骨增宽
- 臀部、腿部脂肪增多

青春期的生理变化伴随而来的是女孩的身体意象发展。身体意象是指人对自己身体的欣赏程度和满意程度，是一个人对自己的身体及外表的看法、想法和感觉。女孩在青春期可能经历的身体意象类型包括：

①消极身体意象

对自己的身体或外观持有负面看法，"我不喜欢我看起来的样子。"

青春期肥胖、长痘、身高较矮等情况，可能会让女孩对自己的体型外貌评价较低，形成消极的身体意象。

②积极身体意象

对自己的身体持有积极的看法，不管身体特征如何，"我喜欢我看起来的样子。"

女孩如何看待自己的身体与她们的心理健康直接相关。当青春期女孩对自己的身体感觉良好时，她们通常会拥有更高的自尊和幸福感。

然而，有着消极身体意象的女孩，可能认为她们永远不会再对自己的外观感到满意，她们的心理问题也因此浮现。

一般来说，女孩比男孩更容易害羞，对于自己的生理发育情况也感觉到更加的难以启齿。这时，父母需要帮助女孩丰富相关知识，让她们接纳自己的身体变化，疏导她们的心理负担。

那么，怎么让女孩认识自己的身体变化呢？

了解月经的形成

由于月经与血液有关，如果女孩没有提前了解相关知识，就会

感到十分紧张。

女孩的经血是子宫内膜碎片、黏液和血液等组成的混合物，它与创伤后身体所流的血液不同。让女孩知道月经就像累了、困了和其他的生理反应一样，是一件自然、平常的事情。

月经的形成过程。

生殖系统发育，卵巢产生并排出卵泡。在雌激素的作用下，子宫内膜会随着卵泡的生长而增生、变厚。这个时候，整个内膜会积存大量的血液，松软且含有丰富的营养物质，为迎接受精卵做好了充分的准备。

情况1：如果怀孕，受精卵在子宫着床，子宫为胎儿提供生长所需要的环境和营养。并且怀孕后体内激素水平改变，不会再排卵，也就不会来月经了。

情况2：如果没有怀孕，子宫里储存的血液就没用了，子宫内膜开始破裂，内膜开始脱落，跟卵子和血液一起经过阴道，排出体外。于是，就有了月经。

子宫内膜只有在雌激素、孕激素同时作用下才能完成一次完美的剥落，形成月经。

Tip: 月经期间的注意事项

①卫生巾要常换，两个小时换一次。

②洗淋浴，不要泡澡。

③不吃雪糕、不喝冷饮、不吃生冷的食物。

④不吃辛辣刺激性食物。

⑤禁喝浓茶。

⑥适当轻运动，避免进行高强度的剧烈运动和重体力劳动。

了解乳房发育过程

青春期时女孩的乳房开始发育，乳房增大，渐渐地乳房形成盘状，再继续增大则呈半球形。青春期女孩乳房发育一般分为5个阶段。

①青春期前：只有乳头凸起，乳房发育呈现静止的状态，并无乳腺组织或乳晕色素沉着的变化。

②10—12岁：乳晕和乳头逐渐增大并伴有隆起，乳头下面有乳核可以触及。

③11—13岁：乳房直径增大、乳晕色素沉着，乳房和乳头轮廓保持在独立的平面上。

④12—14岁：乳头、乳晕、乳房进一步增大，标志性特征是乳头和乳晕进一步凸起，与乳房呈现一个二级隆起的分界线。

⑤14—17岁：青春期后期的发育，乳晕、乳头进一步凸起，直到进入成熟期后乳晕才会退回，只有乳头凸出。此时乳房的整体轮廓构成，已接近成人乳房。

乳房的发育与遗传、身体素质、体型、疾病等多种因素相关，因此不同女孩乳房发育的状况可能会有一定区别。

2 欲望，教女孩正确面对生理冲动

青春期的女孩，由于生殖器官逐渐发育，体内的性激素水平也逐渐提高，因此会进一步萌生性意识。

在性意识萌发后，女孩容易产生性冲动，性心理也随之发展。

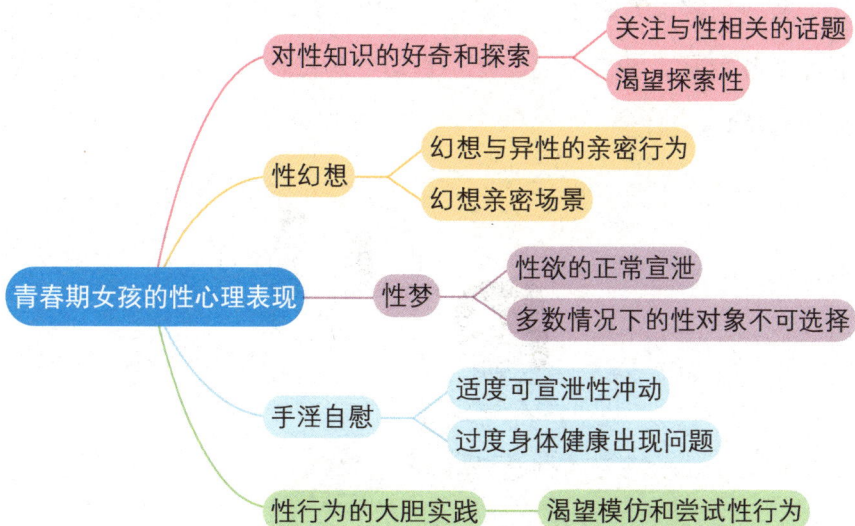

青春期女孩的性心理表现
- 对性知识的好奇和探索
  - 关注与性相关的话题
  - 渴望探索性
- 性幻想
  - 幻想与异性的亲密行为
  - 幻想亲密场景
- 性梦
  - 性欲的正常宣泄
  - 多数情况下的性对象不可选择
- 手淫自慰
  - 适度可宣泄性冲动
  - 过度身体健康出现问题
- 性行为的大胆实践
  - 渴望模仿和尝试性行为

对性好奇是犯错了吗？

女孩到了青春期后，身体的第二性征开始发育，她们会感受到身体的变化。出于对这些变化的好奇，她们会开始关注生殖器官的发育、性成熟、性行为等相关话题，并通过了解相关知识来满足好奇心。

对于青春期的女孩来说，对性知识的好奇和探索是非常正常的，这不是错误，也不用感到羞耻。但是要注意从正规渠道获取性知识，比如，询问父母、观看性教育的专业书籍等。

因为性知识的学习，不仅仅包括专业的生理知识，还包括正确的性态度和性行为。而不良渠道中五花八门的诱惑、性信息，以及性自由的错误思想，可能会导致女孩的性意识受到错误的强化和影响。

性幻想正常吗?

有一句常说的话是："他看了我一眼，我已经脑补出未来孩子该起什么名字了。"这就是性幻想。性幻想是想象的带有性色彩的"故事"，也称做白日梦。

女孩有性幻想是一个正常的心理活动。青春期的性幻想大多不伴有性行为，主要是在爱情的主题上浮想联翩。她们性幻想的主要方式，是虚构出一个"连环故事"，就是通过把曾经在电影、电视、文艺作品中看到过的情爱镜头和片段，经过重新组合，虚构出自己与爱慕的异性在一起的各种情节。

女孩认为自己幻想的"连续故事"是特别隐秘的事，她们不会轻易公开。这种性幻想在青春期是大量存在的，它的出现是正常的、自然的。

做性梦正常吗？

当女孩处于青春期时，体内性激素分泌较为旺盛，所以在睡觉的时候，会出现做性梦的现象。月经周期中雌激素和孕酮的变化可能导致女孩的性欲增强，从而使性梦多发。

性梦是青春期性意识的一种表现，是人体正常的生理需求，不需要感到害羞和尴尬，也无需过于担心。

性梦也是一种探索自己身体和性观念的方式。在性梦中，女孩在梦境中的各种行为，有助于她们更好地缓解性需求。

自慰有害吗？

对处于青春期的女孩来说，自慰是正常的生理现象。适当的自慰，可以宣泄性冲动，对身体是没有什么坏处的，因为女孩的性欲望也需要适当的发泄。只要自慰不过度就没有问题。但是，如果自慰频率非常高的话，可能会对身体有一定的危害，最常见的表现。

①导致疲乏无力、记忆力减退、注意力不集中。

②引起盆腔炎、阴道炎等炎症。

③导致性中枢疲乏，性欲下降，甚至导致以后的性生活难以达到高潮的情况。

女孩自慰时需要注意的事项。

①注意清洁卫生

女孩自慰时需要注意个人卫生，可以使用清水清洗外阴部位。在自慰结束后，还要及时用温水清洗私处，保持局部清洁卫生，能够有效避免发生感染。

②避免过度用力

用力过大可能会导致阴道黏膜破损，伴有阴道疼痛等症状。

怎么克制性冲动？

①生理方面：

按时作息，睡觉前避免过度的兴奋，在床上不要胡思乱想；内裤要宽松、不要过紧过小，避免对生殖器产生摩擦刺激；被褥不宜过暖、过重；洗澡时水温不宜过高，晚饭不宜过饱等；

丰富的个人爱好，可以减少性冲动；进行户外运动，比如，多玩玩飞盘、羽毛球等，可以控制女孩的性冲动。

②心理方面：

淡化注意力。课余时间多参加体育、文娱、知识竞赛等活动，把旺盛的精力集中在努力学习，发展兴趣特长，追求进步上，转移和淡化性幻想。

远离刺激源。避免阅读或观看有性刺激内容的书刊、音像制品，远离身边的刺激源。业余时间不妨多读一些自然科学、社会科学类书籍。

3 性侵，教女孩严防性侵犯

青春期的女孩，由于其防范意识淡薄，往往是性侵害的主要受害者。

面对性侵，许多女孩会因为害怕而选择沉默，既害怕侵害者的威胁报复，也害怕被贴上"受害者"的标签后，承受各种流言蜚语。

万一他报复我怎么办？被别人知道该怎么说我？

受害者有罪论的例子太多了，"她为什么穿那么少？""为什么那么晚回家""为什么不反抗的强烈一些？"等等，这些言语对于遭受性侵的女孩来说，无异于二次伤害。

出于种种原因，女孩就选择了保持沉默以息事宁人，免得让自己或家人受到更多的伤害。

但是沉默并不能让性侵带来的伤害减少，很多受害者可能会出现创伤后应激障碍、抑郁等心理问题，终生都难以走出来，最终甚至失去了活下去的勇气。

《房思琪的初恋乐园》讲述了少女房思琪从 13 岁开始，被补习班老师李国华长期性侵，最终精神崩溃的故事。有人说："读这本书，需要偶尔退出来呼吸一下，太苦了读不下去……"

令人痛心的是，这本读来让人难过的书，它的扉页上却写着"根据真实故事改编"，而这正是这本书的作者林奕含的亲身经历。

林奕含曾被补习班的老师侵犯，她为此患上抑郁症，两次休学，多次自杀未遂。即便过去很多年，她也没能从这份痛苦中走出来，26岁时在家中自杀。

《房思琪的初恋乐园》是林奕含的绝笔之作。她用自己的亲身经历，警醒人们，要重视孩子的两性教育，警示孩子要注意隐私问题以及自我保护的重要性，在遭遇侵害的时候，不要因为害怕而放弃维护自己的利益。

性侵害是指，加害者以威胁、权力、暴力、金钱或甜言蜜语，引诱胁迫他人与其发生性关系，或在性方面造成对受害人的伤害的行为。

即便没有发生直接的身体接触，也可能造成性侵害。性侵害可以分为身体接触型和非身体接触型两种。

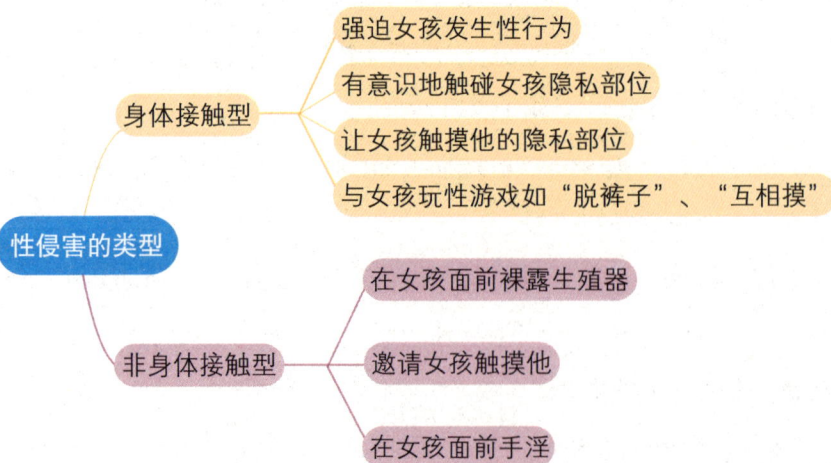

性侵害的类型

身体接触型
- 强迫女孩发生性行为
- 有意识地触碰女孩隐私部位
- 让女孩触摸他的隐私部位
- 与女孩玩性游戏如"脱裤子"、"互相摸"

非身体接触型
- 在女孩面前裸露生殖器
- 邀请女孩触摸他
- 在女孩面前手淫

强制性行为、猥亵，通过言语、行为、图像等方式进行性方面的骚扰，或者利用权力、地位等优势对他人进行性方面的剥削和压迫，都属于性侵害的范畴。

关于性侵害，要避免陷入误区

①性侵中的受害者无需难以启齿。

性侵从来都不是受害者的错，长相和穿着也从来不能成为被性侵的理由。女孩可以自由选择自己的穿着，无论保守、可爱，抑或是性感。如果遇到性侵，请一定向父母、警察求助。

②侵害可能发生在任何年龄段，甚至是几个月大的婴儿身上。

③侵害者不一定只会使用暴力手段。

事实上，暴力只是加害者侵害女孩的其中一种手段而已，很多时候他们还会利用贿赂、诱骗、关爱等手段。所以，女孩需要知道，无论是被别人威胁还是获得好处，比如，给自己好吃的、带自己玩好玩的，只要接触了自己的隐私部位或出现了言语上的暗示等，一定要明确拒绝态度，并及时告诉家人。

④女孩的生命比任何财产都重要，任何时候首先要保护自己的生命安全。

⑤自愿发生的性行为也可能算性侵。

只要和不满 14 周岁的女孩发生性关系，不管女孩是否自愿，都构成了强奸罪。

⑥女孩不能完全远离被侵害的环境。

女孩不可能时刻处于远离各种伤害的"真空"之中，要尽早地让她们知道生活中的侵害随时会发生，随时做好防范。

如何应对性侵害？

①无论什么情况，首先要确保自己的生命安全。

父母要告诉孩子，对任何人都要有防备心理，做到不轻信，不随意吃别人给的东西。当遇到侵害时，要大声求救，跑向有人群的地方；如果对方有威胁到自己生命的可能，要学会忍耐，记住对方的体貌特征，保护好自己的生命安全。

千万不要对侵害者说"我知道你是谁""我看见了你的脸"这种话，避免激怒对方，让其铤而走险，威胁自己的生命。

②保持冷静，尽可能保存证据。

如果发生了性侵害，要尽可能地采集体液，保留涉事人的短信、录音、视频等，记住性侵的地点，同时注意保留"非自愿"的证据，比如，一些对自己产生伤害的暴力行为，包括受伤的痕迹、被损坏的衣服等。

③第一时间报警。

如果发生了性侵，一定要第一时间报警。在警方指定医院或司法鉴定部门进行取证，以免自行就医所采集的证物，不能作为刑事诉讼的证据。而且，如果不在第一时间报警，在未来可能会因为证据的灭失而取证困难，导致警察无法侦查。

4 底线，教女孩不要过早偷尝禁果

在激素的作用下，青春期的少男少女们在恋爱期间，有可能会产生想要进行亲密行为的冲动，比如，想要牵对方的手，渴望拥抱，继而渴望亲吻，这都是正常的。

另外，正处于爱情的懵懂阶段的她们，受各类影视剧的影响，会更容易受到甜蜜爱恋的刺激，进而想要进行更加亲密的行为。这时，女孩应该更加警醒，因为过早地性行为对身体的伤害是非常大的，有可能会造成终身的遗憾。

15岁的小娜在网络上认识了小志，两个人因为聊得来很快走到了一起。他们在见面后多次发生性行为，并且没有采取任何保护措施。后来，小娜感受到了身体的异常，总是瘙痒还有不规则的出血。到医院检查后，医生告诉小娜，她患上了宫颈炎。

过早的性行为是引发尿路、阴道感染和宫颈癌的高危因素之一。青春期的女孩过早发生性行为的原因可能有很多，不同的女孩可能有不同的动机和心理。

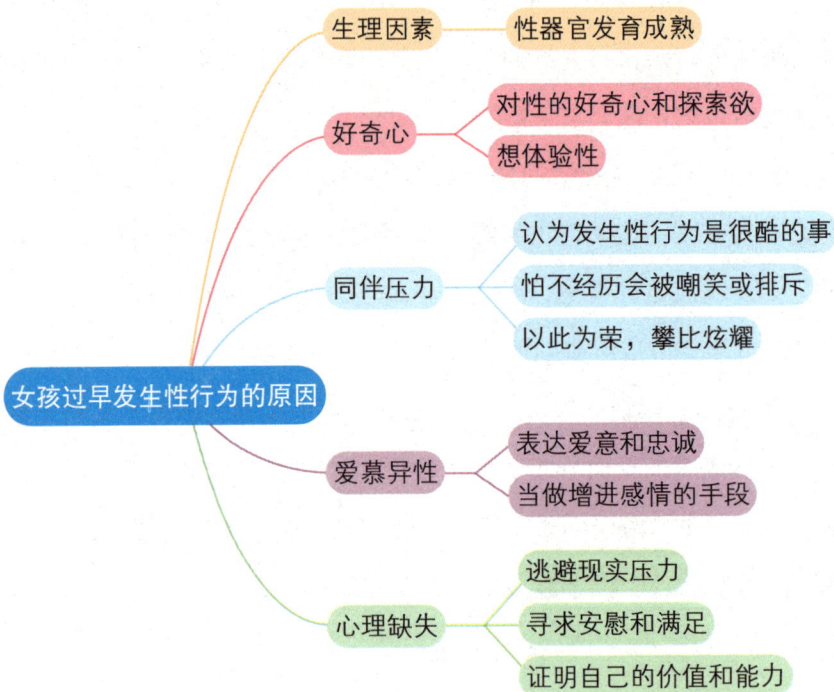

女孩过早发生性行为的原因

- 生理因素
  - 性器官发育成熟
- 好奇心
  - 对性的好奇心和探索欲
  - 想体验性
- 同伴压力
  - 认为发生性行为是很酷的事
  - 怕不经历会被嘲笑或排斥
  - 以此为荣，攀比炫耀
- 爱慕异性
  - 表达爱意和忠诚
  - 当做增进感情的手段
- 心理缺失
  - 逃避现实压力
  - 寻求安慰和满足
  - 证明自己的价值和能力

青春期的女孩对性其实是一种懵懂的状态，尤其是在恋爱的时候，她们对于对方的性要求，会产生一种非常矛盾的心理，既渴望两个人更加亲密，又害怕拒绝后失去对方，这是因为她们对于这件事的认识存在以下误区。

①证明爱的方式就是把身体交给他。

表达爱意的方式有很多种，这并不是唯一一种。而且，对于身体和心理发育尚不成熟的青春期女孩来说，拒绝性行为才是正常的表现，以免让自己受到伤害。

②担心对方生气，失去对方。

如果女孩有这种担心，那么不妨反过来想一下，如果因为被拒绝就分手，那么对方想要的可能根本就不是爱，这样的人更不值得女孩付出什么。

③父母老师总说学生不能发生性关系，这是封建落后的思想。

父母老师的说法，只是出于对女孩身体和心理健康的保护。因为过早发生性行为，真的会对女孩的身体造成一定的危害。早早体验禁果，不仅是对自己的不负责，也是对自己未来的不负责。

男孩和女孩在恋爱时，难免会有牵手、拥抱等行为，随着感情的加深，有些男孩可能会以爱情的名义对女孩提出性要求。有些女孩可能招架不住男孩的强烈要求，不懂得拒绝，再加上激素的影响，以及对性行为的后果缺乏正确认识，冲动之下，就发生了性行为。

因此，防止女孩偷尝禁果的最好方法，就是给予女孩充分的底线教育，以及教她们学会拒绝对方的性要求，以免做出后悔终生的事情。

那么，父母具体该如何教女孩呢？

告诉女孩，底线是什么

女孩应该有自己的底线和原则。在亲密关系中，要尊重自己的感受和边界，不要为了迎合男方的要求而妥协。

电影《完美陌生人》里有一个情节，一个刚刚谈恋爱的女孩，纠结要不要去男朋友家过夜，她害怕不去会让对方生气。于是她给自己的父亲打了电话，问他的意见。父亲告诉她："不要仅仅因为男友会生气就去他那里，这不该是正确的理由，而且别指望我能支持你。但是有些话我还是想对你说——这是你人生中的重要时刻，是你会铭记一生的事情，不仅仅是你明天和朋友聊天的谈资。如果你以后无论何时回想起来，这件事都会让你嘴角带笑的话，你就去做吧，但如果你并不这么认为或者不太确定，那就忘掉它吧。"

> 嗯……爸爸希望，你不要仅仅因为怕他生气而答应他……

> 爸爸，我男朋友约我去他家过夜。

明确告诉女孩性行为的危险性

父母要明确地告诉女孩，还没有成熟就涉及性关系是非常冒险的行为。性问题包括很多方面，比如肉体的、心理的、社会的，只有把这些方面完整地结合起来表达的性才是最健康的，任何性行为都会产生后果。所以，每个人都有必要在性行为上，做出对自己和他人负责的选择，包括洁身自好、抵制性强迫等。

用恰当的方式来说"不"

女孩如果因为男孩的性要求而困扰，可以适时地提醒他，比如"我不能这样做。我们的年纪还小，了解还不够深入，这样做对彼此都是一种伤害。"或者找借口把他带到人多的地方，或谈些别的话题，以转移他的注意力。尽量不要采取简单、粗暴的拒绝方式，以免伤害对方的自尊和两个人的感情。

5 避孕，一定要教女孩的避孕知识

据国家计生委发布的《中国家庭发展报告 2015》数据显示，青少年首次性行为的平均年龄只有 15.9 岁。中国青少年的性行为正呈现低龄化趋势。

一个 15 岁女孩因为交友不慎，意外怀孕了。她一下子慌了神，不知道该怎么办，也不敢告诉父母。等妈妈发现时，已经怀孕四个月了。面对突如其来的意外，爸爸勃然大怒，劈头盖脸对她就是一顿臭骂。她哭了很久，觉得什么前途都没有了，甚至想到了轻生。

一般来说，女孩在 12—14 岁月经初潮后，就会排出成熟的卵子了，此时若有性生活，就有可能怀孕。世界卫生组织定义：19 岁及以下的女孩怀孕，就属于早孕。因为这一时期的女孩尚处于青春期的发展阶段，身体尚未成熟，骨骼、内脏、子宫、卵巢等器官都处于发育中，心理上也不成熟，不是怀孕的最佳时期。

当青春期的女孩意外怀孕，一方面会背上沉重的心理负担；另一方面，她们会因为害怕被发现，而选择危险的堕胎。而且，她们自己还是个孩子，早孕给她们带来的危害比我们想象的还要大！

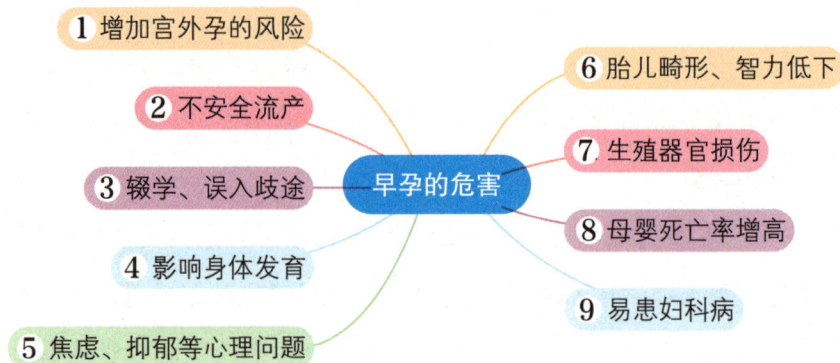

1 增加宫外孕的风险

2 不安全流产

3 辍学、误入歧途

4 影响身体发育

5 焦虑、抑郁等心理问题

早孕的危害

6 胎儿畸形、智力低下

7 生殖器官损伤

8 母婴死亡率增高

9 易患妇科病

有些女孩可能会不以为然地说："如果不小心怀孕了，我就去做人流，现在好多医院都能做无痛人流了，怕什么？我做完手术还能回去上课。"

真的不怕吗？有医生表示，无痛人流只是手术时采取麻醉手段，所以不会疼痛，但它终究是一个不小的手术，所以除了疼痛感减轻之外，危害一样也不少。那么具体有哪些危害呢？

①术中感染：如果医疗器械的消毒和手术室卫生不合格，则会造成术中感染。

②并发症：操作不当，可能会有大出血和子宫穿孔等威胁生命的事情发生。

③月经不调：这也是最常见的一种后果。

④不孕不育：子宫受损，极难再孕。

有的女孩也许会说："那药物流产也行啊，这个简单还安全。"真的安全吗？药物流产可能会导致部分妊娠组织残留，需要再次进行清宫手术，甚至可能需要进行多次清宫。而且，药流可能会导致大量出血，严重时甚至会威胁生命。

医生认为，女孩适合的生育年龄一般在 25—29 岁之间。因为女孩生殖系统大概在 24—25 岁左右发育成熟。最佳生育年龄，不仅有利于胎儿健康，也有利于女孩体能和身材的恢复。

对于青春期的女孩来说，最安全的方式就是不进行性行为，其次就是做好避孕措施。

了解避孕的原理

怀孕的本质是精子和卵子的结合，而避孕的原理就是：

①抑制精子与卵子产生。

②阻止精子与卵子结合。

③使子宫环境不利于精子生存，或不适宜受精卵着床和发育。

了解避孕的方式

避孕套：最常用的避孕方式。它不仅可以有效阻止精子进入女性体内，还可以预防性传播疾病的发生。

口服避孕药：不建议长期使用。它通过调节女性体内激素水平，抑制排卵或改变子宫内膜环境，从而达到避孕的目的。长期使用可能会对女孩的内分泌系统产生一定影响，导致月经紊乱。

安全期、经期和体外射精：一定要注意不要相信这些避孕方式，这些方法都非常的不靠谱！

了解紧急避孕药

药物避孕是事后紧急避孕的常用方法，但是它不能经常使用。其注意事项包括：

①紧急避孕药只对服药前最近的一次无保护性行为发挥作用。

②紧急避孕药有服用时限，在性生活后 24 小时到 72 小时不定，超过时限的避孕失败率较高，根据具体药物说明书和医生建议使用。

③紧急避孕失败导致怀孕者，新生儿畸形发生率高，需终止妊娠。

④月经周期内只能使用一次紧急避孕药，一年内使用不宜超过三次。

⑤过量和频繁使用可能会对身体造成损害，导致月经紊乱、出血等问题。

了解关于避孕的那些常识

①女孩在月经期间也可能怀孕。

②第一次偷尝禁果的女孩也可能怀孕。

③即便男孩在发生性行为前不久自慰直至射精，他的精子数量仍然足够导致怀孕。

④偷尝禁果之后用水、皂液等液体冲洗阴道不能防止怀孕，还可能会引起阴道感染。

⑤"蹭蹭不进去"也可能会怀孕。

即便精液只是在阴道口，也有一定的概率让女孩怀孕。因为精子在离开男孩的身体后，还可能存活 2 ~ 5 天。

仅在特殊情况下作为补救手段使用，不能常用！

仅在特殊情况下作为补救手段使用，不能常用！